JOHANNES JOERGENSEN

LE

LIVRE DE LA ROUTE

TRADUIT DU DANOIS AVEC L'AUTORISATION DE L'AUTEUR

PAR

TEODOR DE WYZEWA

SIXIÈME ÉDITION

Librairie académique PERRIN et Cie.

LE
LIVRE DE LA ROUTE

OUVRAGES PUBLIÉS PAR TEODOR DE WYZEWA

Les Maîtres italiens d'autrefois. Écoles du Nord. Un vol. in-8° avec 16 gravures hors texte. . . . . 5 fr. »

Peintres de jadis et d'aujourd'hui. Les Peintres et la Vie du Christ. — La Peinture primitive allemande. — La Peinture suisse. Un vol. in-8° écu, avec 18 gravures hors texte. . . . . 6 fr. »

Quelques figures de femmes aimantes ou ma'heureuses. 3ᵉ édition, 1 vol. in-8° écu avec portraits. . . . . 5 fr. »

Excentriques et aventuriers de divers pays. Un volume in-8° écu orné de gravures. . . . . 5 fr. »

Le Mouvement socialiste en Europe. Un volume in-16. . 3 fr. 50

L'Art et les Mœurs chez les Allemands. Un vol. in-16 . 3 fr. 50

Beethoven et Wagner. Nouvelle édition. Un vol. in-8° écu avec gravures. . . . . 5 fr. »

Nos Maîtres. Etudes et portraits littéraires : Mallarmé. — Villiers de l'Isle-Adam. — Renan et Taine. — A. France. — L'Art wagnérien. — La Religion de l'amour et de la beauté. Un vol. in-16. . . . . . 3 fr. 50

Ecrivains étrangers. Trois séries. 3 vol. in-16. Le volume. 3 fr. 50

Contes chrétiens. Un vol. in-16, avec gravures. . . . . . . 3 fr. 50

Valbert, ou les récits d'un jeune homme, roman contemporain. Un vol. in-16. . . . . 3 fr. 50

W.-A. Mozart. Sa vie musicale et son œuvre, de l'enfance à la pleine maturité (1756-1777), par T. DE WYZEWA et G. DE SAINT-FOIX. 2 volumes in-8° raisin avec gravures . . . . 25 fr. »

TRADUCTIONS

JOERGENSEN (JOHANNES). — **Saint François d'Assise**, Sa Vie et son Œuvre traduits du danois. 1 vol. in-8° de 600 pages, orné de gravures. 25ᵉ édition. Broché . . . . 5 fr. »
— Relié demi-veau fauve, fers spéciaux . . . . 9 fr. »

— **Pèlerinages Franciscains**, traduits du danois. Un vol. in-8°, avec gravures. 7ᵉ édition. Broché. . . . . 3 fr. 50
— Relié, fers spéciaux. . . . . 7 fr. 50

— **Le Livre de la Route**, traduit du danois. 6ᵉ édition. Un vol. in-8° écu avec gravures. Broché . . . . 3 fr. 50
— Relié, fers spéciaux. . . . . 7 fr. 50

Les Petites Fleurs de saint François d'Assise (Fioretti) suivies des *Considérations des très saints stigmates*. Traduction nouvelle d'après les textes originaux. Un volume in-32 avec gravures. 4ᵉ édition. Broché, 3 fr. 50 ; relié, fers spéciaux. . . . . 7 fr. »

VORAGINE (le bienheureux JACQUES DE). — **La Légende dorée**, traduite du latin d'après les plus anciens manuscrits, avec une introduction, des notes et un index alphabétique. (*Ouvrage couronné par l'Académie française.*) Un vol. in-8° écu de 750 pages, broché . . . . 5 fr. »
— Relié demi-veau, fers spéciaux . . . . 9 fr. »

BENSON (ROBERT-HUGH). — **Le Maître de la Terre**, roman traduit de l'anglais. 15ᵉ édition. Un vol. in-16. . . . . 3 fr. 50

— **La Lumière invisible**, traduit de l'anglais. 3ᵉ édition. 1 volume in-16 . . . . 3 fr. 50

— **La vocation de Franck Guiseley**, roman. 1 vol. in-16 . 3 fr 50

STEVENSON (R.-L.). — **Le Mort vivant**, roman traduit de l'anglais. Un vol. in-16 . . . . 3 fr. 50

— **Le Reflux**, roman traduit de l'anglais. Un vol. in-16. . . . 3 fr. 50

TOLSTOI. — **Résurrection**, roman traduit du russe. 45ᵉ mille. Un vol. in-16 . . . . 3 fr. 50

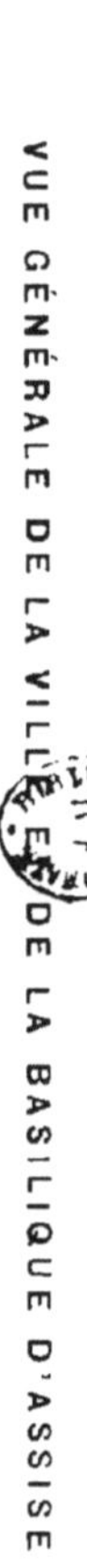

VUE GÉNÉRALE DE LA VILLE ET DE LA BASILIQUE D'ASSISE

JOHANNES JOERGENSEN

LE
LIVRE DE LA ROUTE

TRADUIT DU DANOIS
AVEC L'AUTORISATION DE L'AUTEUR

PAR

TEODOR DE WYZEWA

PARIS

LIBRAIRIE ACADÉMIQUE

PERRIN ET Cⁱᵉ, LIBRAIRES-ÉDITEURS

35, QUAI DES GRANDS-AUGUSTINS, 35

1913

Tous droits de reproduction et de traduction réservés pour tous pays.

AVANT-PROPOS
DU TRADUCTEUR

J'ai eu déjà à plusieurs reprises l'occasion de raconter l'histoire de ce *Livre de la Route*, première pierre de l'admirable monument poétique et religieux qu'est devenue pour nous, aujourd'hui, l'œuvre catholique de M. Johannès Joergensen. Voici, par exemple, ce que j'écrivais à ce sujet, il y a quelques années, dans l'*avant-propos* de ma traduction du *Saint-François d'Assise* :

Parmi les écrivains danois qui, aux environs de 1895, s'efforçaient de transporter de Christiania à Copenhague le centre de la vie littéraire scandinave, il n'y en avait aucun qui donnât de plus belles espérances, ni plus justement, que l'auteur de l'*Été* et de l'*Arbre de Vie*, M. Johannès Joergensen ; car non seulement ce jeune homme avait fait voir, dans ses premières œuvres, une personnalité d'artiste très originale, à la fois rêveuse et

a

sensuelle, toute remplie de délicate tendresse sous ses apparences d'ironie romantique, mais on sentait encore que, chez lui, l'inspiration jaillissait d'une âme profondément réfléchie, sérieuse, éprise de certitude et de vérité.

Il était né en 1866, dans une bourgade de l'île de Fionie, d'une famille de marins. A vingt ans, après avoir brillamment achevé ses études littéraires à l'Université de Copenhague, il avait suivi des cours de sciences naturelles, et, pendant plusieurs années, s'était livré avec passion à l'examen des plus récents problèmes de la zoologie comparée : de telle sorte que, plus tard, ayant définitivement résolu de se vouer aux lettres, il avait pu apporter l'appoint précieux d'une réelle compétence scientifique au mouvement naturaliste, darwiniste, et anti-chrétien, qui, sous l'impulsion passionnée de M. Georges Brandès, entraînait alors la majeure partie des auteurs scandinaves. Aussi n'avait-il point tardé à devenir, lui-même, l'un des chefs de ce mouvement. Chacun de ses écrits avait été une éloquente protestation, au nom de la science ou de la liberté individuelle, contre la servitude des vieux dogmes religieux et politiques, qu'il accusait d'avoir séculairement empêché l'expansion naturelle du génie de sa race...

Depuis une année, pourtant, la production littéraire de M. Joergensen, jusqu'alors très active et féconde, s'était arrêtée. On savait que le jeune poète, mécontent de ses écrits antérieurs, avait employé cette année à de nouvelles études ; on savait qu'il avait fait un long voyage

en Allemagne, en Italie : et l'on se demandait avec
curiosité quelle œuvre allait naître de cette période de
recueillement, ou plutôt de la crise intellectuelle et
morale que l'on devinait bien que l'auteur de l'*Arbre
de Vie* avait dû traverser.

L'œuvre que l'on attendait parut enfin, dans les premiers mois de 1895. Son titre : *Le Livre de la Route*,
annonçait évidemment un mélange de descriptions
pittoresques et de libres fantaisies poétiques, quelque
chose d'analogue aux *Tableaux de Route* d'Henri Heine,
un des maîtres favoris de M. Joergensen. On lut donc
le *Livre de la Route;* et, tout de suite, la curiosité
impatiente qui avait précédé sa publication se changea
en une surprise mêlée d'inquiétude. Sous prétexte de
noter ses impressions de voyage, l'ancien lieutenant de
M. Brandès s'était amusé à célébrer la beauté, la gran-
deur, presque la sainteté de la religion catholique !

J'essayais ensuite de résumer aussi fidèlement
que possible le contenu littéraire et la signification
religieuse du livre qu'on va lire. Après quoi le
passage consacré au *Livre de la Route* se terminait
ainsi :

Tel était ce *Livre de la Route :* une audacieuse apologie des dogmes, du culte, et de l'esprit catholiques.
Toutefois, sous la thèse religieuse qui en faisait l'objet
principal, le livre abondait en charmantes descriptions
de nature et d'art ; et constamment l'auteur y avait mêlé,

à la gracieuse et savante musique de sa prose, de petits poèmes en vers : si bien que l'on pouvait croire à une simple fantaisie de dilettante, — ou, comme on disait, de « décadent », — désireux seulement d'offrir à son scepticisme des sources nouvelles d'émotion et de rêve. Peut-être, après tout, M. Joergensen n'avait-il voulu que suivre cette mode du « néo-christianisme » qui venait précisément, alors, de pénétrer dans les pays scandinaves? Mais non : il y avait, à travers tout l'ouvrage, un accent de sincérité profonde, douloureuse, qui s'accordait mal avec l'hypothèse d'un simple caprice littéraire ; et pendant que le public danois s'étonnait vaguement, déjà les anciens maîtres et compagnons d'armes de l'auteur du *Livre de la Route* comprenaient que l'un des concours sur lesquels ils avaient le plus compté allait leur manquer, désormais, dans leur lutte contre Celui qu'un des leurs avait, un jour, appelé « le vieil ennemi ».

C'est à eux du reste que, l'année suivante, M. Joergensen, décidément converti au catholicisme, crut devoir expliquer l'origine et les motifs de sa conversion. Il le fit sous la forme d'une brochure intitulée : *Les Mensonges de la Vie et la Vérité de la Vie*. Avec une vigueur et une franchise d'argumentation que ses adversaires eux-mêmes étaient forcés de reconnaître, il y développait l'idée contenue dans les derniers chapitres de son *Livre de la Route*. « Vous croyez chercher la vérité, le bonheur, la liberté, disait-il aux jeunes nietzschéens danois : mais, en réalité, ce ne sont là que des prétextes que vous vous donnez pour ne pas envisager sérieusement le problème de votre vie. J'ai, moi aussi, cherché la liberté, la vérité, le bonheur : je les ai cherchés plus passionnément que vous, plus obstinément, sans pouvoir m'arrêter que je ne les eusse trouvés : et je ne les ai trouvés que le jour où je suis revenu à la foi chrétienne. »

De ces données historiques une conclusion se dégage, qui ne laissera pas de faciliter au lecteur français d'aujourd'hui l'intelligence du caractère et de la portée véritables du premier livre catholique de M. Joergensen. C'est, à savoir, que ce livre, tel que l'auteur l'avait conçu, n'était pas à proprement parler une œuvre catholique. M. Joergensen, au moment où il l'a écrit, n'avait pas encore accompli sa conversion : son esprit et son cœur demeuraient dans cet état singulier d'attente à la fois passionnée et indécise, mélangée d'un désir très ardent et d'une invincible frayeur, que lui-même nous a décrit dans ce qu'on pourrait appeler l'*épilogue* de son livre. Et je n'ai pas besoin d'ajouter que c'est là pour nous, aujourd'hui, une garantie manifeste de la parfaite sincérité de ces « confessions » : puisque le jeune poète danois nous les donnait simplement pour ce qu'elles étaient,

— la peinture minutieuse et fidèle des péripéties de la lutte qui se livrait en lui, — sans la moindre intention de défendre ni de nous recommander une religion où lui-même ignorait encore que l'essence la plus intime de son être avait déjà adhéré.

Examiné à ce point de vue, son *Livre de la Route* nous fournit un document psychologique d'une valeur exceptionnelle ; et personne, après cela, ne songera à s'étonner, — ni moins encore à se scandaliser, — de rencontrer parfois sous la plume de l'auteur, jusqu'aux dernières pages du livre, la trace des objections que suggéraient au jeune néophyte scandinave son ancienne éducation protestante et ses habitudes quasi « professionnelles » de « dilettantisme », alors que la voix secrète de son cœur s'était déjà nettement prononcée en faveur de ces dogmes catholiques dont sa raison essayait en vain de secouer le joug. Car il n'y a pas un seul des épisodes de sa résistance obstinée à la lumière et à la chaleur surnaturelles de la foi, tels que nous les expose la seconde partie du volume, qui ne nous frappe, pour ainsi dire, par sa résonance profondément catholique. Nous y découvrons que l'auteur, en réalité et contrairement à ce qu'il imagine, ne se débat point contre l'autorité du catholicisme, — l'ayant reconnue depuis longtemps dans son cœur, — mais contre les conséquences pratiques, individuelles, qu'entraînera pour lui sa pleine soumission à cette autorité.

Oui, jusqu'aux dernières pages du *Livre de la Route* l'inspiration foncièrement catholique du livre nous émeut d'autant plus que nous la sentons plus involontaire, jaillissant de l'âme du jeune poète danois à son insu, et presque malgré lui. Mais combien ce contraste entre les intentions littéraires de l'auteur et l'esprit caché de son œuvre se trahit à nous plus fortement encore dans les premiers chapitres, consacrés au récit d'une longue flânerie à travers les anciennes cités pittoresques et les paysages romantiques du sud de l'Allemagne ! Lorsque M. Joergensen s'est mis en chemin vers Nuremberg et le lac de Constance, son projet était évidemment de rapporter bientôt à ses compatriotes un *Livre de Route* qui, tout en offrant au plus haut degré la marque de son originalité personnelle, leur rappelât cependant les célèbres et charmants *Reisebilder* (*Tableaux de route*) de son cher Henri Heine. Il rêvait d'entremêler, lui aussi, à ses descriptions toute sorte de petits récits et de petites confidences quelque peu fantaisistes, sauf pour lui, d'ailleurs, à pénétrer tout cela d'une philosophie déjà bien différente de l'anti-christianisme facile et suranné qui se dissimulait à peine sous l'apparent « paganisme » du poète juif de Dusseldorf. Il se promettait bien, assurément, de trouver autre chose à louer, dans les vieilles églises gothiques, que cette agréable fraîcheur de leurs voûtes qui, naguère, avait conduit Henri Heine à définir le catholicisme « une religion d'été ». La lecture des véritables romantiques allemands, le spectacle de ce qu'étaient devenues ensuite l'ironie et la « libre-pensée » de l'auteur des *Reisebilder*, — par exemple entre les mains de M. Georges Brandès et de son école, — l'évolution naturelle de son propre goût et de sa propre pensée interdisaient désormais à l'écrivain scandinave une conception aussi mesquine du sentiment et de l'art catholiques. Mais son dessein n'en restait pas moins d'accorder plus de place à la poésie et à l'amour qu'aux émotions religieuses, dans l'espèce de « journal » qu'il écrirait durant les étapes successives de sa promenade.

Et c'est, en effet, le programme littéraire qu'il s'est manifestement efforcé de suivre, dans toute cette première partie de son *Livre de la Route* qui

précède la relation de son arrivée à Assise. Librement il a voulu s'abandonner aux hasards de sa
fantaisie, sans autre préoccupation que de noter,
au jour le jour, les visions et les rêves qui avaient
laissé en lui la plus vive empreinte. Il a même
introduit parmi sa prose, toute limpide et chan-
tante, imprégnée de douceur et de grâce poétique,
une vingtaine de petites pièces en vers, dont j'aurais bien aimé pouvoir offrir, tout au moins,
quelques échantillons au lecteur français. Hélas !
une longue expérience m'a appris l'impossibilité
à peu près absolue de transporter, dans une langue
étrangère, l'agrément et jusqu'à la signification
intime des vers d'un poète, et surtout lorsqu'il
s'agit, comme dans le cas présent, de vers qui sont
essentiellement lyriques (ou, si l'on veut, poétiques) : légères chansons aux strophes ailées et
comme fugitives, *lieder* amoureux ou rêveurs dont
l'attrait indéfinissable ne leur vient pas autant de
l'émotion exprimée, ni du choix même des images,
que de l'expression musicale des rythmes et de l'har-
monieuse ordonnance des mots. Aussi bien les
plus parfaits, peut-être, de ces petits poèmes du
Livre de la Route ne sont-ils, eux-mêmes, que des
interprétations immédiates ou de libres imita-

tions, en langue danoise, d'anciennes chansons populaires allemandes recueillies et adaptées jadis par Achim d'Arnim et Clément Brentano. Que l'on songe à ce que risquerait de devenir, dans ma pauvre prose, ce troisième ou quatrième *avatar* des naïves complaintes d'humbles *minnesaenger* des bords du Rhin !

Une œuvre purement poétique, des *Reisebilder* danois dépouillés simplement de la fâcheuse odeur antireligieuse qui nous gâte un peu, aujourd'hui, le grand poème en prose d'Henri Heine, voilà donc ce que M. Joergensen se promettait de rapporter à ses compatriotes ; voilà certainement ce qu'il a cru leur donner, tout au moins, dans la première partie de son *Livre de la Route !* Et maintenant qu'on lise ces chapitres où il décrit, tour à tour, ses « stations » à Nuremberg, à Rothenbourg, au couvent de Beuron, au bord et sur les flots du lac de Constance, enfin à Lucerne avant que la traversée du Saint-Gothard l'ait définitivement transporté sous des cieux nouveaux ! On s'aperçoit aussitôt que ce poète, ce jeune « décadent » scandinave, élève de M. Georges Brandès et admirateur passionné d'Henri Heine, est à son insu dévoré d'une fièvre incessante de curiosité et d'inquiétude religieuses. A Nuremberg, l'art ingénu des vieux maîtres évoque devant lui la suite entière des scènes du drame sacré où ils ont puisé les sujets de leurs rétables et de leurs groupes sculptés en bois ou en pierre. A Rothenbourg, lorsque l'apparence étrangement « hoffmanesque » d'une taverne fait naître en lui le désir d'imaginer, lui aussi, une « fantaisie dans le goût de Callot », il se trouve que l'aventure qui lui vient à l'esprit est un miracle de la Vierge, un hommage poétique à l'inaccessible beauté de Marie. Il est vrai que deux jours passés dans un couvent bénédictin, ensuite, semblent l'éveiller de la molle douceur de ce rêve pieux, en opposant aux formes indécises et charmantes de son rêve les contours, forcément plus précis et plus rudes, de la réalité. Mais comme, là encore, sous la protestation de ses habitudes d'esprit antérieures inconsciemment exploitées par son besoin égoïste de bien-être et d'indépendance, comme nous devinons que son cœur s'est gonflé d'une émotion de tendre et respectueuse sympathie ! Avec quelle joyeuse ardeur il accueille et nous transmet l'éloge enthousiaste que lui fait, de cette vie du cloître toute donnée à

Dieu, son ancien camarade des cafés et des ateliers
« décadents » de Copenhague ! Sans compter
l'étrange signification qu'implique pour nous sa
fuite elle-même de ce couvent de Beuron, où il
n'y avait rien, semblait-il, qui eût de quoi effrayer
aussi profondément un *dilettante* « catholicisant »
de sa sorte ! Après s'être nourri d'exquises im
pressions de religion et d'art dans les villes vénérables qu'il a visitées, notre poète s'avise de venir
en chercher de nouvelles dans l'endroit le mieux
fait au monde pour lui en offrir : un monastère
qui est, en même temps, un foyer très actif de
vivante et féconde création artistique. Et voilà
qu'au lieu d'y poursuivre librement l'émouvante
série de ses découvertes, le « touriste » scandinave
se trouve soudain envahi d'une inexplicable ter-
reur ; le voilà qui éprouve irrésistiblement le
besoin de s'enfuir au plus vite de cet asile merveilleux de paix, et de sérénité, et de confiance
intérieures ; et voilà qu'en effet il s'en va précipitamment, sans même s'attarder à prendre congé de
ses hôtes, comme si quelque très grave péril l'avait
menacé ! Qu'est-ce à dire, sinon que son âme
« naturellement chrétienne », ou en tout cas déjà
profondément pénétrée de foi et d'amour, s'est

sentie attirée avec une force singulière vers cette
vie religieuse qui s'était tout d'un coup révélée à
lui ? « Tu ne me fuirais pas comme tu l'as fait, —
semble dire au poète danois le Dieu de ces moines
de Beuron, — si déjà ton cœur n'aspirait pas tout
entier à se remplir de ma Vérité !

Après quoi M. Joergensen s'ingénie de son mieux
à reprendre le cours de sa « flânerie ». Sa pensée
a beau se retourner sans cesse vers les moines de
Beuron ou leurs devanciers mystiques du moyen
âge, tels qu'un Eckard ou un Henri Suso : l'élève
d'Henri Heine se croit tenu à nous parler plutôt
du petit vin aigrelet et des jolies filles que produisent les bords du lac de Constance. Un détail
des plus curieux illustre pour nous cette intention,
toute « laïque », de ses *Reisebilder*. Dans le récit
qu'il nous fait de son séjour à Lucerne, avant de
clore la première partie de son livre, il nous entretient d'un orage sur le Mont Pilate, du fracas
ininterrompu des eaux vertes de la Reuss sous les
fenêtres de sa chambre, et d'une sonnerie de trompettes arrivant à lui de la cour d'une caserne, au
lever du jour. Il omet seulement de nous dire
qu'une autre impression encore s'est mêlée en lui
à toutes celles-là, ou plutôt les a toutes effacées

pour lui. C'est en effet à Lucerne, ce même soir
de printemps, — nous l'apprendrons beaucoup
plus tard, dans la suite de son livre, — que pour
la première fois le jeune homme, ayant assisté à
un office catholique, a clairement senti autour de
soi une présence divine. Ce soir-là s'est accompli
l'un des événements principaux de sa « conversion »; et le retentissement très profond qui ne
peut manquer d'avoir eu en lui ce frisson pieux
qui l'a traversé dans la petite église de Lucerne
ne lui a point paru, sur l'instant, valoir même la
peine d'être signalé aux lecteurs de son livre !

Un récit en partie double, pour ainsi dire, avec
une portée extérieure toute poétique et « profane »
sous laquelle s'en cache une autre, toute religieuse :
telle nous apparaît la première moitié du *Livre de
la Route*. Dans la seconde moitié, au contraire,
l'auteur n'a plus essayé de se dissimuler, non plus
qu'à ses lecteurs, le caractère expressément religieux que revêtaient en lui ses impressions de
voyage. Sa promenade vagabonde s'était désormais trop évidemment transformée en un véritable
« pèlerinage », avait pris une direction trop dé-
terminée pour qu'il lui fût possible d'en mécon-

naître la nature et l'objet : fatalement, ce dont il avait rêvé de faire un *Livre de Route* devait désormais devenir le *Livre de la Route*. A sa vivante et lumineuse peinture de sites de l'Ombrie, — annonçant déjà l'incomparable beauté pittoresque de ses futurs *Pèlerinages Franciscains*, — il ne peut plus s'empêcher maintenant d'ajouter sans cesse l'aveu de la lutte douloureuse qui se livre en lui. Et par là, s'explique pour nous, la différence singulière de cette lutte avec celles que nous ont racontées d'autres hommes pareillement contraints à s'arracher, avec un long et cruel effort, de l'état d'erreur ou d'indifférence religieuse où les avait plongés le hasard de leur destinée. Ceux-là se préoccupaient surtout de la valeur philosophique du dogme vers lequel les attirait une mystérieuse et puissante impulsion de leur être ; ils se demandaient désespérément si la religion catholique disait vrai, et si en fait la solution qu'elle apportait au grand problème de la vie et de la mort méritait, de leur part, le sacrifice de leurs plus chères habitudes intellectuelles ou morales antérieures. Chez le héros de la seconde moitié du *Livre de la Route*, au contraire, — comme je l'ai déjà indiqué tout à l'heure, — c'est l'appréhension de ce sacrifice

qui nous semble toujours dominer tout le reste.
Giovanni ne se demande pas si le dogme catholique dit vrai : toute son âme en reconnaît, en
proclame l'absolue vérité philosophique. Et cependant Giovanni « ne croit pas », ou plutôt ne veut
pas croire, ne veut pas admettre qu'il croit ; et de
cette opposition entre la voix intime de son être et
sa volonté personnelle nous voyons surgir un con-
flit pour le moins aussi violent que les doutes
angoissés qui nous sont apparus dans l'âme d'un
saint Augustin ou d'un Pascal, d'un John-Henri
Newman ou d'un J.-K. Huysmans. Giovanni « ne
croit pas », parce que l'adhésion formelle de son
esprit à la foi catholique entraînera pour lui une
conséquence bien autrement pénible que l'abandon
de ses certitudes ou croyances anciennes, à savoir :
l'abaissement de son orgueil, le renoncement à
son illusion favorite d'être, lui-même, l'un des
maîtres et seigneurs de la création. Et que si, à
Montefalco, nous voyons le jeune homme saisi
d'un fiévreux élan de joie en présence de la niai-
serie pitoyable d'une légende, — d'ailleurs toute
gratuite et inventée de la veille, — qui lui est
débitée par un sacristain, nous devinons aussitôt
que sa joie lui vient, avant tout, de la sensation

momentanée d'une délivrance, et que ce n'est nullement la fausseté du dogme catholique qu'il se flatte d'avoir découverte, en cette heure de crise, mais bien la possibilité pour lui de disposer désormais d'un prétexte spécieux afin de continuer à ne pas charger ses épaules d'un trop pesant fardeau.

Comment donc se fait-il que nous n'ayons aucune surprise à ne pas retrouver, dans cette simple et touchante *Chronique Ombrienne*, de plus nombreux échos de la lutte purement « dogmatique » qui ne peut manquer de s'être déroulée dans l'âme de M. Joergensen, et que nous ont révélée d'autres « confessions » d'un genre analogue ? Et d'où vient que cette seconde partie du *Livre de la Route* nous remue, elle aussi, très profondément, sans que le héros s'y occupe guère d'autre chose, pour ainsi dire, que de protéger et de défendre son orgueil individuel contre les assauts d'un dogme dont sa raison ne tâche même plus à récuser l'autorité ? C'est d'abord, je ne crains pas de l'affirmer, parce que toute « conversion » véritable aboutit fatalement à cette lutte contre l'orgueil humain, — lutte suprême et décisive, la plus cruelle de toutes, à la fois, et celle dont les péripéties ont le plus de chances de nous émouvoir.

En regard des résistances acharnées de l'orgueil, celles de la raison n'ont guère pour nous qu'un intérêt tout théorique, à supposer même qu'il soit possible de les raconter, et de rendre par écrit à des raisonnements abstraits la vie dont ils se sont trouvés momentanément animés.

Ce qui toujours est assuré d'avoir en nous un écho très profond, lorsque nous assistons ainsi aux diverses « périodes » successives d'une « conversion », c'est, avec le récit de cet embrasement final de l'âme tout entière, et la peinture de l'inutile et tragique défense que lui opposent les derniers remparts de l'orgueil terrassé, — toutes choses que nous décrit la *Chronique Ombrienne* du *Livre de la Route*, — c'est la peinture et le récit des instants où, dans le cœur incrédule, s'est allumée la première étincelle de la foi ; et voilà précisément ce que nous a fait voir, presqueà son insu, M. Joergensen dans la relation de sa « flânerie » à travers l'Allemagne[1].

[1]. Au moment même où je revoyais les épreuves de cet *avant-propos*, le hasard m'a mis sous les yeux une lettre bien caractéristique de John-Henry Newman, en réponse à une proposition qu'on lui avait faite de raconter les circonstances et les motifs principaux de sa conversion. Newman se refusait absolument à entreprendre une tâche qui lui paraissait irréalisable. « Toute affirmation dogmatique, — disait-il, — ne pourrait manquer d'être mal interprétée... Même en beaucoup de paroles, je

Lorsque Giovanni arrive à Assise, où l'heureuse rencontre de son ami Francesco va l'affranchir pendant plusieurs mois du souci de son existence matérielle, et lui permettre de se livrer sans entrave à l'examen des nouveaux changements survenus en lui, peut-être lui-même ne soupçonne-t-il pas encore qu'il porte désormais en soi cette étincelle de la flamme sacrée : mais nous, ses lecteurs, nous ne l'ignorons plus, et pas une minute nous ne nous étonnons que l'admirateur enthousiaste des pieux retables de Nuremberg, le lecteur passionné des rêves mystiques d'Henri Suso, le fugitif du couvent de Beuron, en soit maintenant à tenter un dernier effort pour effacer de son cœur et de

ne saurais indiquer exactement les motifs qui m'ont fait devenir catholique : mais, que si j'essayais de les indiquer en peu de mots, j'exposerais inutilement et moi-même et ma cause aux critiques hâtives et partiales de nos adversaires. C'est à quoi je ne puis consentir. Je ne veux pas que les gens puissent dire : « Nous possédons à présent ses raisons, et nous en connaissons la valeur ! » Non, mes amis, vous ne les posséderez pas, si ce n'est au prix d'une partie au moins de la peine qu'elles m'ont coûtée à moi-même ! Vous ne pourrez pas les acheter en bloc, les tenir à volonté dans votre main et jouer avec elles ! »

Newman écrivait cela au lendemain de sa conversion, en 1846 ; et l'opinion qu'il exprimait en ces termes ne l'a pas empêché, comme l'on sait, de nous donner, dix-huit ans plus tard, sa célèbre et éloquente *Apologia*. Mais ce livre même ne nous prouve-t-il pas combien la peinture des deux « moments » dont je parle ici, — de ce qu'on pourrait appeler la crise initiale et la crise suprême d'une conversion, — offre pour nous plus d'attrait que l'exposé d'une lutte purement théorique contre des objections dont la véritable portée varie d'un esprit à l'autre, et d'un jour à l'autre pour le même esprit ?

son esprit l'empreinte religieuse que nous y avons vue se graver plus profondément à chacune des étapes de son « tour » d'Allemagne.

D'où ne résulte nullement, d'ailleurs, que nous devions méconnaître l'importance et la beauté poétique du miracle accompli, un matin d'août, dans la sainte chapelle de la Portioncule. Ce jour-là Giovanni, poussé par un élan irrésistible, a suivi le flot des pèlerins qui entraient dans la chapelle ; il s'est agenouillé devant l'autel, et « a senti la proximité d'une force mystérieuse » ; et il ajoute que « volontiers il serait resté toujours là, parmi ces pèlerins en prière, sous les ailes protectrices d'il ne savait quelle puissance mêlée de pardon ». Précédemment déjà, à Lucerne, comme on l'a vu, il avait cru « sentir autour de soi une présence divine ». Mais l'impression n'avait point tardé à se dissiper : tandis que, cette fois, en remontant vers Assise après avoir assisté au pittoresque départ des pèlerins, « il gardait nettement conscience d'avoir reçu quelque chose, là-bas, dans la petite chapelle de saint François ». C'est seulement ce jour-là que le lent travail opéré en lui depuis des mois s'est enfin révélé, pour ainsi dire, à ses yeux de chair. Son cœur n'avait pas attendu ce moment pour s'ouvrir tout entier aux rayons de la foi; mais longtemps encore, sans doute, sa volonté aurait pu lui interdire de prendre connaissance de cette « conversion » intérieure, si l'influence communicative de la piété des pèlerins, et puis aussi cette « force mystérieuse » dont il avait éprouvé la « proximité » dans l'atmosphère vénérable et touchante de la Portioncule ne l'avaient pas obligé à projeter un regard pénétrant jusqu'au fond de soi-même. La lutte suprême que nous décriront désormais les chapitres suivants de sa *Chronique*, peut-être aurait-elle tardé longtemps encore à s'engager dans son âme, — ou peut-être n'aurait-elle jamais éclaté, et Giovanni aurait-il continué indéfiniment à tenir cachée, sous les cendres de son orgueil et de sa faiblesse, l'étincelle divine que nous avions vue s'allumer dans son cœur, — si un salutaire hasard n'était venu lui imprimer soudain une secousse violente et décisive, transformant sa « religiosité » de naguère en un impérieux besoin spirituel de certitude et d'espoir.

Et qui donc hésiterait à appeler d'un autre nom ce hasard bienheureux, pour peu que l'on se rap-

pelle, tout ensemble, et les circonstances qui l'ont
précédé et la nature particulière des résultats qu'il
était destiné à produire? Comment ne pas revêtir
d'une signification et d'une portée surnaturelles
le hasard qui a conduit à Assise, dans la propre
petite église du Poverello, — afin d'y « recevoir » ce
« quelque chose d'ineffaçable » dont il nous parle
lui-même, — ce jeune « décadent » danois à
qui le monde catholique tout entier allait devoir,
plus tard, le *Saint François d'Assise* et les *Pèlerinages Franciscains?* Certes, l'Italie et l'Allemagne
elle-même ne manquent pas de vivants sanctuaires
où il aurait été possible à M. Joergensen de res-
sentir, pareillement, « la proximité d'une force mystérieuse », et de parvenir ainsi à la pleine conscience de sa « vocation » catholique. Mais non :
c'est vers Assise que l'a entraîné l'appel secret,
tout-puissant, de son cœur ; et jamais je n'ai pu
lire, pour ma part, le simple et émouvant récit
qu'il nous a fait de l'arrivée de son Giovanni
« dans l'antique cité qui se dresse sur une montagne, et dont la sainteté illumine l'Ombrie », sans
qu'il me semblât apercevoir une petite main douce
et ferme, une main aux chairs percées d'une
empreinte de clous, poussant à son insu le jeune

« touriste » scandinave, et le guidant secrètement
d'étape en étape, à travers toutes les stations de la
première partie du *Livre de la Route*, jusqu'à cette
chapelle aux portes d'Assise où le « flâneur » épris
d'Henri Heine allait inaugurer son noviciat de
« pèlerin franciscain ».

T. W.

LE
LIVRE DE LA ROUTE

PREMIÈRE PARTIE

CHAPITRE PREMIER

NUREMBERG

I

— Regarde un peu notre vieille lune, toute usée ! Regarde la misérable figure qu'elle fait, pendant que s'annonce, à l'horizon, l'aube grise du matin ! me dit mon ami, le peintre, en me désignant du doigt la fenêtre du wagon.

En effet, l'aube commençait à poindre.

Le train qui nous avait emmenés de Berlin, dans l'après-midi, approchait de Nuremberg. Les ténèbres de la nuit étaient en train de se dissiper : je ne voyais plus au ciel qu'une seule grande étoile, et puis aussi cette demi-lune, « toute usée » et défraîchie, qui, en vérité, avait absolument l'air grognon d'une personne qui aurait passé une mauvaise nuit.

Quant à moi, j'avais un peu dormi, d'un étrange sommeil sans rêves qui avait, pour ainsi dire, creusé un abîme entre la matinée nouvelle et les jours précédents.

Loin, bien loin de nous était déjà Berlin, avec les réverbères électriques de son Avenue des Tilleuls et le lourd ciel bleu de ses nuits, tels que je les avais vus, l'avant-veille encore, du balcon du Café Bauer.

Bien loin étaient les musées et les palais, l'Opéra et les magasins, les *Tageblatter* et les *Schutzmœnner*.

Et bien loin aussi était déjà la terre grasse et fertile de la Saxe, que nous avions traversée pendant la soirée de la veille, avec ses arbres fruitiers couverts de fleurs blanches et les troncs blancs de ses bouleaux ; cette terre de Saxe qui, par des pentes douces, s'élevait jusqu'aux monts de Bohême, et qui nous avait montré de si pittoresques villages aux maisons pointues !

Et puis le soleil s'était couché au moment où nous découvrions, à l'horizon, une petite ville inconnue. La pointe d'un clocher d'église et les ailes d'un moulin à vent se dessinaient sur le fond rouge du soir. Et mon cœur s'était alors tourné vers un autre endroit qui l'appelle bien souvent, vers une petite ville danoise dont maintes fois le clocher pointu et les moulins à vent se sont dessinés devant moi contre un ciel rouge tout pareil, la petite ville où je suis né, et où mon cœur a laissé son nid.

Et enfin, la nuit avait achevé de descendre, et avec elle était venu le sommeil.

Maintenant nous approchions de Nuremberg. Déjà, à une grande distance devant nous, une rangée de lumières électriques avaient commencé à briller, comme des perles blanches.

Dans l'autre coin de notre compartiment, un couple venait également de se réveiller, et, tout en causant à voix basse, s'était mis à rassembler ses bagages.

— Mais où donc est Nuremberg ? — demanda mon compagnon, en examinant d'un regard interrogateur tous les alentours.

Nous pénétrions dans une grande gare moderne, dont les innombrables lumières électriques se reflétaient sur un véritable écheveau de rails. Et je descendis sur un large perron qui aurait pu, tout aussi bien, servir d'accès à n'importe quelle autre ville.

Mais lorsque j'eus pris congé de mon ami, — qui poursuivait son voyage jusqu'à Munich, — et qu'en compagnie d'un commissionnaire qui portait ma valise je fus sorti de l'immense gare, alors aussitôt Nuremberg se révéla à moi.

Je voyais se dresser devant moi des tours de remparts, rondes et pesantes, ou bien minces et pointues comme des pignons. Au delà, de hautes églises élevaient les pointes de leurs clochers comme des doigts avertisseurs, et plus loin encore s'étalait la forteresse, lourde et menaçante comme un gant de fer. Et la cité entière, d'ailleurs, était d'un gris de fer, dans la pâle lueur de l'aube commençante.

Notre chemin passait sur des ponts-levis, sous de massives portes, et devant des tours et des murs et des pignons anciens. Dans les rues désertes, çà et là, erraient quelques noctambules attardés, et des chauve-souris voletaient en sifflant devant les vieilles tours.

Et lorsque je me trouvai enfin couché dans un lit, et que, avant de m'endormir, je promenai un

regard sur la petite chambre étrangère que remplissait déjà la clarté matinale, voici que l'horloge
d'une des églises, gravement et solennellement,
sonna quatre fois !

Aussitôt éveillé, je sautai sur le parquet de ma chambre, recouvert d'un tapis, et courus à la fenêtre.

Hélas! toute la rue était mouillée de pluie, et un air gris flottait au-dessus des antiques pignons!

Pendant mon sommeil, une pluie fine et drue s'était abattue sur Nuremberg.

J'ouvris la fenêtre. L'atmosphère était tiède, et un aimable parfum de feuillage et de fleurs pénétrait jusqu'à moi, pour me réconforter. Je m'habillai précipitamment, et sortis dans la rue.

Sous une pluie silencieuse et placide, lentement j'allai devant moi, l'âme heureuse, regardant de tous mes yeux les hommes et les choses.

Bientôt la large rue se resserra pour devenir une ruelle, mais qui, dès l'instant suivant, déboucha sur une grande place, devant une église que je devinai devoir être Saint-Laurent.

Avec recueillement je me réfugiai sous le portail, où se révélait à moi un essaim de figures sculptées dont le temps avait marqué les contours d'une raie de poussière.

Au centre, au-dessus de la porte, trônait, pareille à une reine, la Mère de Dieu avec son Enfant, et plus haut encore, sur les deux côtés, se déployaient devant moi les deux histoires de la Sainte Naissance et de la Sainte Passion. Je voyais l'Enfant nouveau-né reposant sur le sein de sa Mère, dans l'étable où l'âne et le bœuf, curieusement, regardaient par-dessus leur crèche. Plus loin, les trois saints Rois étaient agenouillés, et offraient à l'Enfant divin leur or, leur encens, et leur myrrhe. Ailleurs, les soldats d'Hérode s'occupaient à massacrer les petits enfants de Bethléem, pendant qu'au-dessous d'eux Joseph emmenait vers l'Égypte l'Enfant Jésus et sa Mère.

Et puis, de l'autre côté, figurées avec la même vie saisissante, je voyais toutes les scènes des tragiques derniers jours de ce même Enfant, devenu homme. Je le voyais trahi par l'un de ses propres disciples, dans le jardin de Gethsémani, je le voyais flagellé dans le palais de Ponce Pilate; et puis encore je le voyais défaillant sous sa croix, et Simon de Cyrène survenait, et était forcé de porter pour lui le bois du supplice.

Enfin, là-haut, au centre de ces deux séries de petites scènes, voici que l'enfant de tout à l'heure pendait, seul et misérable, sur le dur bois de la croix, et que son cœur se rompait, au moment où ses lèvres prononçaient le terrible *Consummatum est !*

Mais les disciples, qui ignoraient qu'il y eût là quelque chose d' « accompli », et pour qui, au contraire, toutes choses semblaient avoir pris fin, les voilà qui pleuraient, de l'autre côté de la croix, penchés sur les plaies du cadavre décloué, et voilà que des femmes arrosaient de leurs larmes ses longs cheveux flottants, et le conduisaient vers ce tombeau, creusé dans le roc, qui « se trouvait aux environs de cet endroit » !

Vers ce même tombeau dont leur ami supplicié allait surgir triomphalement, dans la dernière des scènes de la Passion, avec la main droite levée et en portant l'étendard de la croix dans sa main gauche, pendant que les gardes continuaient de dormir autour du tombeau.

Et après les quarante jours de sa seconde vie terrestre, et après une ascension du haut de la montagne des Oliviers, près de Béthanie, personne ici-bas ne devait plus le voir, si ce n'est Paul sur le chemin de Damas.

Mais l'humble artisan franconien qui a sculpté le portail de l'église Saint-Laurent à Nuremberg, celui-là a vu le grand Disparu, tout au moins avec les yeux de son art. Et voici qu'il nous le montre encore une dernière fois, trônant sur les nuées, pendant que retentissent autour de lui les trompettes du jour suprême, et qu'au-dessous de lui s'ouvrent les tombeaux, et que les morts en ressortent, « les uns, ceux qui ont fait le bien, pour être admis à la résurrection de la vie, mais les autres, ceux qui ont fait le mal, pour se trouver condamnés à la résurrection du Jugement » !

O vous, les savants et habiles exégètes d'aujourd'hui, vous qui prétendez avoir « établi » que le Christ n'a jamais vécu, et que les évangélistes n'ont jamais écrit les Évangiles, et que tout ce qui se trouve raconté dans les Évangiles n'a jamais eu lieu, êtes-vous aussi en état d'effacer de mes yeux l'existence du portail de Saint-Laurent? Et si même vous parveniez à prouver cent fois ce que vous soutenez, si même il était absolument sûr que « le mythe du péché originel » a été

emprunté aux Assyriens, et la notion d'un rédempteur aux Perses, et la croyance dans le jugement
dernier aux légendes d'Ormuzd et d'Ahriman, si
même vous aviez « établi » tout cela mille fois,
qu'en résulterait-il ?

Auriez-vous démontré autre chose que ceci : à
savoir que l'esprit humain a toujours eu conscience
d'un péché originel, que toujours il a attendu un
rédempteur, que toujours il a cru en un jugement
à la fin des jours ?

Et qui donc vous a révélé que l'esprit humain
ait toujours vécu d'erreur et de mensonge ?

III

A quelques pas de l'église Saint-Laurent se
dresse la Fontaine des Vertus, dont l'eau jaillit de
la poitrine de nombreuses figures de jeunes
femmes. Et à ce vénérable monument d'autrefois
s'oppose aujourd'hui en pendant, sur la même
place, une colonne d'annonces sur laquelle, grâce
à la précieuse bienveillance des magistrats de la
ville, chacun peut lire les heures de départ des
trains, ainsi que l'état le plus récent du baromètre
et du thermomètre.

Et bien souvent, pendant les jours de pluie que
j'ai vécus à Nuremberg, je me suis tenu en contemplation devant ces renseignements météorolo-
giques, étudiant les perspectives possibles d'une
température plus heureuse. Mais combien plus
souvent encore, ô vénérable Fontaine des Vertus,
je me suis arrêté devant toi, sous la pluie battante, sans même m'abriter d'un parapluie, — ce

qui me valait l'admiration ébahie des gamins de Nuremberg !

C'est que, déjà, ton nom me paraissait si beau ! Le mot de « fontaine » contient en soi une poésie qui m'a toujours ému très profondément, surtout sous la forme allemande de *Brunnen*, dont il me semble que la consonnance prolonge en moi une douce impression de repos.

Mais combien plus encore m'émeut ton vieux nom de Fontaine des Vertus ! Et combien me plaît aussi ta riche variété, avec ces têtes de Gorgones et ces caducées dans la grille de fer forgé qui t'entoure, avec ces têtes de lions et ces têtes d'anges et ces têtes d'hommes sur ton socle, et tes guirlandes ornées de coquillages, et tes couronnes de fleurs et tes cornes de bœufs !

Et puis, ô Fontaine des Vertus, il n'y a pas une de tes belles déesses que je n'aime : l'Espérance et le Courage, la Foi et la Douceur, l'Amour et la Vérité. C'est au point que, — comme autrefois le berger phrygien en présence d'un autre groupe de déesses, — je ne sais point laquelle de ces vertus je dois préférer, et à laquelle de leurs poitrines je pourrai le mieux étancher ma soif.

Et voici que six Anges, soufflant dans leurs

trompes des fanfares clapotantes, appellent mon attention vers le haut de la fontaine, par-dessus toutes ces aimables Vertus. Et je découvre alors que l'artiste lui-même s'est chargé de me tirer de mon doute, en résolvant pour moi le problème qui me préoccupait. Car voici que, très haut par-dessus toutes les autres Vertus, se dresse, au sommet de la Fontaine, les yeux bandés, laissant jaillir de sa mamelle gauche un flot de sang qui humecte, comme d'une rosée vivifiante, les plateaux de sa balance, voici que se dresse la haute, la fière, la rigide Justice !

Et maintenant, ô Fontaine des Vertus, je comprends ta leçon ! A tous ceux qui viennent te demander ton eau, et à ceux qui passent et lèvent les yeux sur toi, et à ceux aussi qui, de très loin, viennent à toi pour admirer l'art du vieux maître allemand, à tous ceux-là tu enseignes que la Justice n'est pas une loi morte dont on s'occupe seulement dans les parlements et les tribunaux, mais que toutes les autres vertus sont renfermées en elle. L'homme juste est plein d'amour, l'homme juste est doux, l'homme juste est vrai, l'homme juste ne connaît point la crainte, l'homme juste espère en un Dieu juste, et, par dessus tout, l'homme juste croit : car c'est seulement de la Foi que peut naître la Justice.

Voilà ce que tu nous enseignes, ô belle Fontaine des Vertus !

Et cependant, il y a, là-haut, dans nos pays du Nord, il y a des hommes pour soutenir que l'art ne saurait jamais se mettre au service de la morale sans un fâcheux abaissement de sa dignité !

VIEILLES MAISONS SUR LA PEGNITZ,
à Nuremberg.

IV.

Lentement je m'éloignai de la Fontaine des Vertus pour continuer ma promenade à travers la ville. La pluie tombait de plus en plus épaisse, mais l'atmosphère était tiède, et sans cesse les rues s'animaient davantage. Un pont me fit passer sur la Pegnitz aux eaux d'un gris vert, qui coule, large et lente, le long d'anciennes maisons dont les balcons ne forment qu'un long parterre de fleurs rouges. Des treuils permettent aux habitants de faire monter l'eau de la rivière jusqu'au troisième étage ; et dans le bas, au bord de la Pegnitz, des femmes sont agenouillées et lavent leur linge dans l'eau boueuse.

Les maisons projettent au-dessus de la rivière des pignons arqués ; et des deux côtés, en amont comme en aval du pont, je vois d'autres vieux ponts pareillement bordés de maisons, et puis aussi des îles qui semblent nager comme des radeaux de bois.

C'est aujourd'hui jour de marché. Par toute la ville, des étalages en plein vent sont installés, sur le marché à la brocante, là-bas, le long de la rivière, sur le marché aux antiquités là-haut, à l'entrée du pont, mais surtout sur la grande Place du Marché devant l'église Notre-Dame, cette place ou s'élève la Belle Fontaine.

Longuement j'erre çà et là, m'amusant à considérer l'agitation de la vente. Autour de la Belle Fontaine, — délicieusement élancée dans la hardiesse de son style gothique, et pareille à la flèche brisée d'une cathédrale, — j'observe un va et vient incessant de Nurembourgeoises venant puiser de l'eau dans de grands vases de cuivre qu'elles portent sur leur dos, attachés par une courroie. Et l'une de ces femmes, jeune et grande, tout à fait du type de l'Ève de Dürer, penchée sur le jet d'eau qui tombe dans sa cruche, y appuie ses belles lèvres rouges comme pour le baiser.

Et lorsque, bientôt, je me trouve assis devant l'ancienne petite taverne où avaient coutume de s'attabler autrefois Dürer et les autres artistes de Nuremberg, et lorsque je goûte l'exquise saveur de la bière qu'un garçon vient de me servir avec un amical : « Que Dieu vous bénisse ! » voici que s'éveille en moi l'écho d'un petit dialogue de cette époque à jamais disparue :

— D'où vient donc, demande un soir à sa jeune femme le bon Pierre Vischer, d'où vient que l'eau, aujourd'hui, me plaît mieux à boire que la meilleure bière ?

— Je ne sais pas d'où cela vient ! lui répond la jeune femme en rougissant et en souriant. A moins que ce soit parce que, tout à l'heure, à la Belle Fontaine, j'ai baisé l'eau pendant qu'elle coulait dans la cruche !

Et c'est en rêvant à cette petite idylle que je m'éloigne du Cabaret de la Petite Cloche.

Par des rues étroites, avec des images de la Vierge aux coins des maisons, je parviens jusqu'au Zwinger, large espace compris entre la ville et les remparts.

Ici, la solitude est complète. Personne ne passe sur les escaliers qui conduisent aux tours. Aucun visage ne se montre aux fenêtres de celles-ci. Nul mouvement dans cette avenue, qui entoure la ville entière. C'est aujourd'hui jour de marché : le monde est là-bas, en train d'acheter ou de vendre ; et Marguerite elle-même n'a pas le temps de porter des fleurs fraîches pour orner la statue de la Mère de Dieu, là-bas dans la niche du mur de sa maison. Seule, une voix de femme s'élève tout à coup d'un cabaret louche, un appel qui vibre brusquement au milieu du silence d'alentour.

Et l'air, dans l'avenue, est tout tiède et mouillé, avec une odeur de foin et de houblon émanant des nombreux magasins situés aux environs, une odeur infiniment douce, comme celle qui, ce matin, pénétrait dans ma chambre par la fenêtre ouverte.

Enfin je regagne mon hôtel. Tranquillement assis dans la petite salle du restaurant, où j'attends mon repas de midi, je me distrais à regarder un jardinet vert, par de petites vitres carrées encadrées de plomb. Au dehors, la pluie continue à tomber; et j'entends venir à moi des chants, d'un petit théâtre d'été tout proche, où doit avoir lieu une répétition.

V

L'église Saint-Laurent, l'église Notre-Dame,
l'église Saint-Sébald, le Musée Germanique : partout le seul et même art du moyen âge, « un, et
saint, et catholique, » comme il est dit de l'Église
de Rome. Soit que l'artiste s'appelle d'un nom ou
d'un autre, soit qu'il travaille avec des couleurs
ou qu'il taille le bois ou la pierre, ou qu'il fonde
le bronze, soit qu'il brode les tissus ou cuise des
émaux, toujours c'est le même fonds, la même
série éternelle de sujets, qui enfante œuvre sur
œuvre, avec une richesse que les hommes n'ont
plus jamais connue depuis lors.

Ce contenu unique et invariable, c'est, d'abord,
l'*Histoire de Marie* : la Salutation Angélique, la
Visite à Élisabeth, la Nativité, l'Adoration des
Trois Rois Mages, la Fuite en Égypte, la Présen-
tation au Temple.

C'est ensuite l'*Histoire de la Vie de Jésus*, qui,
celle-là, se résume dans l'histoire de sa *Passion* :

la Flagellation, la Crucifixion, la Déploration, la Mise au Tombeau. Mais surtout il y a deux scènes qui reviennent sans cesse sous la main des vieux maîtres : celle du Jardin des Oliviers, où le Sauveur s'est éloigné de ses disciples à la distance d'une « jetée de pierres », et où il prie, parmi une angoisse mortelle, pendant que ses disciples dorment et que déjà s'approche celui d'entre eux qui va le trahir ; et puis, en second lieu, c'est la Crucifixion, avec Marie et Jean au pied de la Croix, et à côté d'eux Marie-Madeleine, à genoux, avec ses cheveux dénoués tombant jusqu'au bas de sa robe.

Ou bien encore les sujets choisis sont empruntés à la *Légende des Saints* : sur un fond d'or, on voit apparaître sainte Catherine avec son épée et sa roue, sainte Élisabeth avec une corbeille et un livre, sainte Barbe avec une couronne et une palme, comme aussi avec une tour à ses pieds, sainte Hélène avec la croix, saint Jacques avec le chapeau et le bâton du pèlerin, saint Jérôme avec un lion et un chapeau de cardinal, saint Sébastien, le corps tout transpercé de flèches, saint Jean-Baptiste portant l'Agneau de Dieu.

Toujours ce sont les mêmes choses, et cependant toujours des choses nouvelles.

Quelle différence, par exemple, entre cette
sainte Catherine que j'ai vue sur une tapisserie de
l'église Saint-Laurent, agenouillée avec une fleur
d'or dans la main, attendant le coup mortel de
l'épée qui déjà est brandie derrière elle, et cette
sainte Catherine triomphante que m'a montrée un
tableau du Musée Germanique, dans la pleine
conscience de sa victoire, foulant aux pieds la
figure d'un roi! Chez la première, quelle pureté
rayonnante! Quelle tranquille piété dans ces grands
yeux bruns et cette petite bouche enfantine! Et
chez l'autre, au contraire, la joie orgueilleuse de la
femme qui a accompli son œuvre et s'est gagné sa
couronne! Sans compter que je viens de voir
encore une autre sainte Catherine, celle-là vêtue
de brocard d'argent comme une princesse, et
absorbée tout entière dans la lecture d'un livre.
Mais toutes ne sont qu'une seule et même figure,
la figure d'une sainte que, pendant plus de mille
ans, les générations ont invoquée pieusement, en
la priant d'intercéder pour elles.

Et sous combien d'aspects différents nous est
représentée la sainte des saintes, la Vierge Marie
elle-même!

Tantôt en compagnie de saint Joseph elle est

agenouillée, et adore l'Enfant nouveau-né ; et trois anges se sont agenouillés entre les deux époux, et prient et adorent avec eux ;

Tantôt elle rayonne d'orgueil maternel, avec le petit Sauveur qu'elle laisse gambader sur ses genoux, ou bien qu'elle soutient d'un mouvement de tout son corps projeté en avant ;

Tantôt elle est calme et recueillie, plongée dans la prière, levant au ciel son visage et ses pieuses mains implorantes ;

Tantôt la voici tenant sur son sein le Christ mort, et nous reconnaissons dans le visage du fils la ressemblance profonde des traits de sa mère ;

Tantôt la voici doucement extasiée, comme la Vierge de Veit Stoss à Heilbronn, toute jeune et tendre, agenouillée avec les mains jointes sous la couronne que Dieu le Père et Dieu le Fils sont en train de poser sur son humble front.

Combien elles sont nombreuses, les douces et pieuses Vierges dont le visage illumine les antiques rétables, avec des yeux d'une profondeur infinie sous des voiles de toile blanche !

Et toutes ont le même calme et la même pureté, toutes ont la même beauté sainte que l'on cher-

cherait vainement ailleurs sur toute la surface de la terre.

Et de là vient que l'on ne peut s'empêcher de tomber dans une longue rêverie lorsque, après des heures de contemplation, au Musée Germanique, on s'est assis dans une ancienne chapelle où jadis les Chartreux récitaient leur bréviaire. Le soleil descend par les vitraux peints, illuminant au passage d'éblouissantes cités vertes et or, qui se profilent contre le ciel d'un rouge de sang ou d'un effrayant bleu sombre ; et, au dehors, on entend le chant des oiseaux, ainsi que le doux murmure monastique d'une fontaine au milieu d'un vieux cloître.

Et l'on songe à tous ces maîtres de jadis dont on connaît à peine les noms, et que souvent l'on doit se contenter d'appeler simplement : « Le Maître de l'Autel Imhof », ou « Le Maître de la Passion de Lyversberg ». Ces vénérables artistes qui ont taillé le bois ou la pierre, et fondu l'argent et le bronze, et qui ont peint sur des panneaux ou des toiles ou à même sur les murs, et qui ont inséré des saints bleus en émail sur les couvercles dorés des reliquaires, entre de grosses pierres précieuses rouges et vertes, et qui ont fait tout cela de telle manière que, aujourd'hui encore, ils demeurent des maîtres et des modèles dans leur art, eux tous ils n'ont fait tout cela que « pour l'honneur de Dieu ».

Je me souviens, à ce propos, d'une histoire qui m'a été racontée l'autre jour.

Une société de touristes était montée au sommet de l'une des tours de la cathédrale de Cologne, afin de visiter les travaux qui s'y faisaient à ce moment. Nos voyageurs avaient grimpé très haut, plus haut que n'ont l'habitude de grimper les visiteurs habituels. Et voilà que, tout là-haut, à la pointe de la tour, ils ont rencontré un vieil ouvrier à barbe blanche qui se tenait assis et, minutieusement, découpait avec son marteau de petites fleurs et de petits rinceaux, recouvrant d'ornements gracieux toute la surface de la pierre.

Sur quoi l'un des visiteurs, étonné, demande au vieillard :

— Mais pourquoi vous donnez-vous toute cette peine ? Car enfin, il est bien sûr que personne, d'en bas, ne pourra voir et admirer tout ce que vous faites là !

Le vieux relève un instant la tête, et répond brièvement :

— Je fais cela pour le bon Dieu ! Lui, il le verra !

Cet homme, — que son histoire soit vraie ou inventée, — avait répondu tout à fait selon l'esprit du moyen âge. Oui, le moyen âge a surtout travaillé « afin que le bon Dieu put voir ce qu'il faisait ». Celui qui voit tout, c'était lui qui était le « public » de ces vénérables maîtres.

Et par là s'explique cette richesse inépuisable qui jaillit de la moindre église gothique. C'est que tout était achevé avec le même soin et le même amour : aucune des parties n'était tenue pour moins importante que les autres, puisque toutes les parties se trouvaient également proches de l'œil de Dieu.

Aujourd'hui, l'artiste moderne, dont le public est tout humain, s'appuie sur un autre principe. Le goût de ses clients est inconstant : et, donc, il s'agit pour lui de le retenir. Ce goût n'a point la perception fine ni aisée : et, donc, il s'agit de l'éblouir à force de gros effets.

Et ainsi naît un art dont le principe essentiel est de « plaire au public », de « satisfaire le goût dominant ». Et les œuvres de cet art nous révèlent assez tristement en quoi consiste le « goût dominant » du public.

Voilà à quoi l'on est forcé de songer tristement dans l'ancienne chapelle des Chartreux de Nuremberg, pendant qu'au dehors, dans le cloître, murmure la fontaine, et que brille le soleil à travers des vitraux qu'un artiste inconnu a peints autrefois « pour l'honneur de Dieu » !

VI

Je me trouvais dans le Baptistère de l'église Notre-Dame, — une petite chapelle à la voûte de bois peint et doré — lorsqu'a commencé, dans l'église, une messe basse.

Le chœur était à l'autre extrémité de l'église, et c'était donc loin de moi que se célébrait la messe matinale. Je pouvais à peine entendre la voix du prêtre officiant, « le murmure béni de la messe », suivant l'expression de Robert Browning. Mais, j'avais près de moi les dernières rangées des fidèles agenouillés. Je voyais leurs têtes se pencher plus bas, au-dessus de leurs mains jointes en prière, lorsque la petite clochette de l'enfant de chœur sonnait le *Sanctus*. Je voyais leur main droite dessiner sur leurs poitrines le signe de la croix, lorsque, de nouveau, la même sonnerie annonçait la transformation du pain et du vin, devenant désormais le corps et le sang de l'Éternel. Je les voyais se frapper humblement la poitrine, à trois reprises, lorsque s'élevait la prière adressée à l'Agneau de Dieu, qui porte les péchés du monde. Et enfin je les voyais se relever au moment du dernier évangile, l'évangile du Verbe qui était au commencement des choses ; et alors c'était sur leur front, leurs lèvres, et leur poitrine qu'ils répétaient le signe de la croix.

Il y avait marché, au dehors, sur la place ; et à chaque instant une femme entrait, avec son panier tout rempli de légumes et d'autres emplettes, déposait le panier à côté d'elle, s'agenouillait, et récitait un *Ave*, avant de se perdre de nouveau dans la foule du dehors. Et de jeunes écoliers entraient aussi, avec leurs livres sous le bras, les déposaient près de soi sur leur banc, s'agenouillaient, faisaient un signe de croix et récitaient une prière, avant de s'en aller à leur classe.

Et moi, quand la messe fut finie, et que je me retrouvai seul dans l'église je songeai en moi-même : « Combien ce commencement de la journée est différent ici de ce qu'il est là-bas, dans nos pays ! Ces braves gens consacrent à Dieu leurs pensées, leurs paroles, et leurs actes : après quoi ils s'en vont vivre leur journée munis du signe de la croix. Nous, aussitôt réveillés, nous saisissons

un journal, et notre communion consiste à con-
sommer une hostie diabolique, pétrie de toutes les
ordures et de tous les crimes du jour précédent! »

Et j'observais en moi-même que c'est aussi dans
les pays protestants du Nord, bien plus que parmi
les populations catholiques du Sud, que fleurissent
aujourd'hui toutes les variétés de l'hypocrisie. Le
fait est que le protestant n'a le choix qu'entre
deux alternatives : ou bien il doit obéir à un impé-
ratif catégorique, ou bien, s'il s'en affranchit, il
est libre d'agir comme il lui plaît : tandis que le
catholique a pris l'habitude, dans son confes-
sionnal, de proclamer sans cesse son *mea culpa*. Là
où règne vraiment le catholicisme, la faiblesse
naturelle de l'homme est ouvertement reconnue.
Dans le Nord, au contraire, les prescriptions idéales
sont imposées à chacun en particulier, afin qu'il les
accomplisse par ses propres moyens. Et comme
c'est là chose difficile, où il ne réussit que très
rarement, force lui est de choisir entre l'hypocrisie
et le cynisme. Ou bien agir, en apparence, comme
si l'on accomplissait la loi, ou bien, avec l'un des
plus célèbres de nos jeunes romanciers scandinaves,
avouer carrément : « Nous sommes des cochons! »

CHAPITRE II

ROTHENBOURG-SUR-LA-TAUBER

I

Lorsque l'on se rend de Nuremberg à Rothen-bourg-sur-la-Tauber, on attend une heure à Anspach.

J'allais de Nuremberg à Rothenbourg, et j'eus donc à attendre une heure à Anspach.

Et je trouvai dans Anspach une ville comme celles que Georges Rodenbach nous décrit dans ses poèmes du *Règne du Silence*. De longues rues droites bordées de palais, de grandes places vides avec des poètes en bronze, des temples énormes et glacés où personne ne venait s'agenouiller, et de vastes jardins où personne ne venait s'asseoir sur les bancs, sous les larges tilleuls.

De tous côtés, rien que solitude et silence, comme dans une ville dont les habitants se seraient enfuis, chassés par la peste.

Quelque part, cependant, dans une des rues qui me ramenaient à la gare, j'ai aperçu derrière une fenêtre un jeune visage effrayé, comme celui d'un enfant que l'on aurait oublié en s'enfuyant de la ville, et qui maintenant, enfermé derrière des portes verrouillées, lentement périrait dans un vieux palais, errant seul et désespéré par d'innombrables salles vides, aux murs laqués de blanc.

II

Dès mon départ d'Anspach, une petite pluie
fine avait commencé; et, avant même que je par-
vinsse à Rothenbourg, les cataractes du ciel
s'étaient rouvertes au-dessus de moi.

Après mon long arrêt à Anspach, je dus
changer de train, encore une fois, dans une petite
ville appelée Steinach ; et lorsque, ensuite, je me
trouvai installé dans un méchant wagon du train
de Rothenbourg, — roulant avec une lenteur déso-
lante, — sans autre compagnie que deux vieux
paysans dont il m'était impossible de comprendre
le patois, voilà que, par degrés, une impression
singulière m'envahit ! Il me sembla que j'avais
pénétré peu à peu jusque dans les profondeurs les
plus lointaines d'une Allemagne fantastique et
invraisemblable, si profondément que jamais
plus, peut-être, je ne retrouverais le chemin du
monde réel. Tout ce que je voyais me paraissait si
dénué de réalité, si fabuleux dans son étrangeté,

si éloigné de toute notre civilisation européenne!
Et je ne parvenais pas même à comprendre comment il se faisait que ces créatures humaines qui,
çà et là, montaient ou descendaient, aux petites
stations de la ligne, comment il se faisait qu'elles
existassent, ni ce qui avait bien pu les décider à
vivre, ni quel objet elles pouvaient bien avoir
pour habiter cette terre? Était-ce bien possible
que des hommes vécussent dans ce pays, qu'ils
naquissent et grandissent et allassent à l'école, et
connussent les joies des fiançailles et du mariage,
et vieillissent et mourussent, dans ce pays où leur
existence m'apparaissait plus pareille à celle de
plantes que d'êtres humains, très loin des trottoirs
illuminés des grandes villes, et de ces journaux où
les habitants des capitales trouvent le précieux ali-
ment quotidien de tous leurs besoins intellectuels?
Et, certes, il n'y avait point d'ironie dans mon
étonnement; en vérité, je ne parvenais pas à comprendre. Avoir à vivre dans un Anspach, un Steinach, sans autres témoins de notre vie que
quelques milliers d'hommes aussi ignorés que
nous-mêmes du reste du monde, sans autres
témoins que ces quelques hommes et l'immense
ciel au-dessus de nos têtes !

Et je me rappelai comment, dans mon enfance, toujours je m'étais senti étrangement attiré vers toute les portions de l'humanité que je m'imaginais cachées très profondément, dans les coins les plus retirés de la carte du monde. Quand l'idée me venait de voyages possibles, ce n'était pas les grandes villes que j'aspirais à visiter, mais bien tout ce qui vivait dans le calme et l'obscurité. Parfois j'étais saisi d'un sentiment qui ressemblait un peu à une nostalgie, en pensant à toutes les lampes qui, à cette heure de la nuit tombante, s'allumaient sur toute la surface du globe, dans des chambres où jamais je ne pénétrerais, et parmi des hommes que jamais il ne me serait donné de connaître. C'était, pour moi, comme si des amis que je n'avais jamais vus m'attendissent là-bas, dans toutes les petites cités perdues de la terre ; comme si leur propre vie aspirât vers la mienne, avec un tendre besoin que je partageais.

Tels étaient mes sentiments d'alors, et nombreuses sont les soirées où je me suis affligé presque au point de pleurer en pensant à tous les hommes dont jamais je ne verrais les visages, et à toute la vie dont jamais je ne prendrais ma part.

Et je ne sais pas du tout si les psychologues sont

en état d'expliquer ces sentiments, ou bien si les
aliénistes leur réservent une cellule de leurs pen-
sionnats. Mais, en tout cas, c'étaient ces sentiments qui, maintenant, me conduisaient vers
Rothenbourg-sur-la-Tauber, tout au fond de la
campagne bavaroise, entre les Monts Franconiens.

Et lorsque, enfin, un omnibus d'hôtel me cahota,
en compagnie de trois autres touristes également
trempés jusqu'aux os, sur le dur pavé de Rothenbourg, et lorsque j'aperçus un marchand de co-
mestibles debout sur le seuil de sa boutique, et un
barbier qui, par curiosité, regardait à travers les
rideaux de sa fenêtre, et une petite servante qui,
sous l'averse, courait le long d'un trottoir inégal,
voilà que je me sentis envahi d'une impression
merveilleusement intime et familière, comme si
j'étais arrivé là dans un endroit que j'eusse connu
et aimé depuis mon enfance !

ROTHENBOURG-SUR-LA-TAUBE

III

MON JOURNAL DE ROTHENBOURG

Un vieux petit livre, petit mais épais, avec des tranches dorées, un livre que j'ai toujours emmené partout avec moi, depuis ma première jeunesse, m'a encore suivi cette fois, à Rothenbourg-sur-la-Tauber. Ce livre de mon cœur est l'*Enfant au Cor Merveilleux* d'Arnim et Brentano, le plus beau recueil de chansons et de poèmes du moyen âge.

C'est le cœur même de l'Allemagne, l'âme de la profonde et sentimentale Germanie, qui, ressuscitée après plusieurs siècles d'oubli, chante pour nous dans les pièces de ce recueil. Nous y apprenons à connaître et à aimer les prédécesseurs anonymes de Gœthe et de Novalis, d'Eichendorff et d'Uhland. Et de même que l'art de Nuremberg nous fait voir le moyen âge religieux, l'artiste agenouillé devant ses sujets, de même nous trouvons ici le prince populaire du royaume

de la pleine liberté, le chevalier de la joyeuse
misère, l'insouciant et poétique vagabond des
routes, le héros romanesque des tendres aventures.

C'est ici que nous rencontrons, par exemple, ce
« chasseur vert » qui, étant sorti à cheval, un
matin, pour chasser le chevreuil et le cerf, n'a
ramené pour tout butin qu'une jeune fille au teint
sombre, occupée à garder, dans la forêt humide
de rosée, les troupeaux de son père, et d'ailleurs
les gardant mieux que sa propre vertu. C'est ici
que s'offrent à nous les souriantes jeunes femmes
dont la devise est : « Je veux et je dois avoir un
amoureux, me fallût-il même le faire sortir de
terre ! » C'est ici que la noble demoiselle em-
brasée d'amour s'entretient à voix basse avec le
gardien du pont-levis, et fait sonner des pièces
d'or dans sa main, afin qu'il consente à ouvrir la
porte du château quand sonnera minuit. Et quand,
ensuite, l'étoile du matin s'allume à l'orient, voici
que du sommet de la tour s'élève la chanson du
garde : « Et que celui qui est maintenant avec sa
bien-aimée, qu'il se hâte de s'éloigner ! » Et, dans
le demi-jour incertain de la chambre, le visage
attristé de la jeune fille brille parmi une auréole

de lourds cheveux d'or ; et, toute pâle, les yeux
fermés, elle se livre ardemment au baiser de
l'adieu.

Oui, voilà bien le moyen âge, tel qu'il a vécu
en dehors des églises et des couvents ! Mais ces
vieilles chansons ne connaissent pas seulement les
joies de l'amour : elles nous parlent aussi des
souffrances de l'amour, comme aussi de ses fautes.
Aujourd'hui, pendant que la pluie tombait à flots,
et que, de ma fenêtre, la verte vallée de la Tauber
m'apparaissait enveloppée d'un voile humide et
gris, je me suis amusé à traduire en vers danois
quelques-uns de ces morceaux du *Cor Merveilleux*.

IV

J'étais plongé tout entier dans le doux travail
de cette traduction, lorsque, soudain, un joyeux
rayon de soleil est venu danser sur ma table et
mes livres, qui, aussitôt, m'a précipité vers ma
fenêtre. Enfin la pluie avait cessé de tomber, pour
la première fois depuis mon arrivée, le soir de la
veille ! Dans une buée tiède, la charmante vallée
verte se découvrait maintenant au-dessous de la
haute fenêtre de ma chambre, avec des moulins
là-bas, au bord de la Tauber, et des peupliers
sur les prairies, et des vignobles suspendus au
flanc des coteaux.

Tout était d'un calme profond, et tel qu'on n'en
saurait trouver de pareil que dans un pays de
rêve. Seule, une roue de moulin bruissait quelque
part, au fond de la vallée.

Je me hâtai de sortir de ma chambre, mais non
pas pour errer dans les vieilles rues de la ville,
pour contempler de vieilles maisons ou de vieux

tableaux. J'aspirais à franchir les portes de la ville, je rêvais de m'en aller au loin dans cette campagne allemande où étaient nés les chants populaires recueillis par Arnim et Brentano, — là-bas, « sous les tilleuls, au fond de la vallée » comme chantait un autre poète du peuple, le charmant Walther von der Vogelweide.

J'avais précisément dans ma poche le petit recueil des vers de ce poète pendant que, le long de la grand'route, je m'en allais de Rothenbourg dans la direction de Dettwang. Au-dessous de moi, brillait sans arrêt l'ample et magnifique vallée de la Tauber, verte et fertile, arrosée de pluie, fumante de chaleur, frémissante de lumière. Je voyais s'étendre à mes pieds, dans le vallon, un immense tapis de hautes fleurs merveilleusement nuancées, longues campanules bleues, coquelicots d'un rouge sombre, marguerites avec un mélange éblouissant de teintes blanches et jaunes.

Et ainsi j'arrivai insensiblement à Dettwang, qui est une aimable petite ville avec d'anciennes maisons aux toits pointus. L'air y était rempli d'un fort parfum de foin et de lierre, et des roses sauvages, d'un rouge cuivré, fleurissaient abondamment sur tous les balcons.

Je me suis d'abord mis en quête de l'église, dont la porte me fut ouverte par une pauvre femme toute pâle et minable, mariée au maître d'école de l'endroit. Je trouvai là une *Crucifixion* taillée dans le bois par Tilman Riemenschneider, et puis aussi, sur le volet gauche de l'autel de la Vierge, une figure de saint avec un visage à la fois infiniment désolé et infiniment beau. Les yeux, en particulier, des yeux mats et laiteux avec un reflet vert comme d'opale, ces yeux-là avaient beaucoup pleuré, beaucoup trop pleuré. Et ils étaient encore si jeunes, ces yeux éplorés ! Pourquoi ne pouvaient-ils jamais rien regarder d'autre que les murs froids et blancs de la triste église ? Tout près de là, dans les rues de Dettwang, s'épanouissaient les roses dorées, et la vallée de la Tauber étincelait dans une buée d'argent, et le ciel était bleu, avec un léger cortège de petits nuages blancs. Ah ! ces nuages blancs auraient fait tant de bien à tes yeux fatigués, mon pauvre cher saint trop accoutumé à pleurer ! Et les roses des balcons, une seule feuille de l'une d'elles, une feuille douce et fraîche sur tes lèvres douloureuses aurait été pour toi comme le baiser d'une belle jeune femme !

Ah ! ces yeux éplorés du saint, combien je les

connaissais ! Et combien souvent j'avais vu cette bouche douloureuse ! Et si du moins j'avais pu moi-même effacer les larmes, à force de baisers, sur ces yeux désolés et irrités, après une nuit interminable d'angoisses, et d'angoisses dont moi seul avais été la cause ! Et étaient-ce vraiment les yeux et ta bouche, ô ma lointaine amie, qui m'étaient apparus dans cette église de Dettwang ? Ou bien n'avais-je vu ce visage qu'une seule fois, pendant une certaine matinée d'épouvante, lorsqu'après t'avoir quittée, de retour dans ma chambre, j'avais pris un miroir pour me convaincre que je vivais encore ?

Je m'enfuis de la froide église de Dettwang, et la femme du maître d'école referma derrière moi la porte délabrée du cimetière, et le grincement de sa clef me resta longtemps dans l'oreille, parmi le calme silence ensoleillé.

Par des sentiers de traverse, en passant sur des ponts étroits à dos d'âne, je parvins sur l'autre rive de la vallée.

Ma promenade me fit passer devant le petit château de Toppler, avec sa petite tour blanche, ce château où un fameux bourgmestre de Rothenbourg, appelé Toppler, avait coutume, il y a trois cents ans, de se retirer pour l'été, entre son jardin potager et ses parterres de fleurs, sur le bord du torrent tumultueux. Et puis, comme l'heure de midi approchait et que la faim m'était venue, je m'en retournai vers une petite auberge que j'avais rencontrée en chemin, installée en terrasse sur le penchant de la montagne, et où l'on pouvait se faire servir sa nourriture et sa bière devant la maison, sous une toiture de feuilles de houblon.

Et me voilà assis devant cette auberge, les yeux plongés sur le spectacle qui se déroule en face de moi !

Des bords de la Tauber, qui coule en écumant sur les grosses pierres de son lit, s'élèvent rapidement des coteaux tout verts de jardins fruitiers et de vignobles, jusqu'aux remparts qui entourent la ville. Et celle-ci s'étend au loin, baignée de soleil, et ses toits rouges étincellent, et je vois briller la boule dorée qui surmonte le beffroi de l'Hôtel de Ville.

Pignon sur pignon, toit sur toit, tour sur tour, je vois s'élever devant moi la ville de Rothenbourg, et, pour chacune des grandes tours que j'aperçois, j'en découvre quatre petites qui semblent avoir grimpé jusqu'auprès elle. Et tout cela m'apparaît

si fantastique et si impossihle, toutes ces tours
vides, tous ces murs qui ne servent plus à rien!
Je n'entends sortir aucun bruit de la vaste cité
rouge, aucune cloche ne sonne, aucune voiture
ne passe bruyamment dans les rues. C'est comme
si le calme profond de la campagne avait imprégné
jusqu'à la ville même.

Car un silence singulier remplit la campagne.
Hommes ni oiseaux, nulle voix vivante. Pas une
voiture non plus dans la route, là-bas, pas un meu-
glement de vache sur les prairies de la vallée. Seule,
la Tauber ne se fatigue pas de bruire, étrangement
solitaire et comme abandonnée.

Cependant je dois ajouter qu'il y a encore quelqu'un d'autre qui reste en vie : et c'est, à savoir,
le maître de la petite auberge. Car j'entends le
bruit de ses grands ciseaux de jardin qui sont
en train de tailler quelque chose, là-bas, derrière
la maison.

Et soudain, voici que soudain un petit pinson
sort de je ne sais où, et vient s'asseoir dans les
feuilles, juste au-dessus de ma tête, et se met à
chanter son tendre et joyeux refrain. Tout de suite
je le reconnais à son chant : je reconnais l'un des
pinsons qui chantent dans les bois de mon pays.

Je me relève, je paie mon repas, et me dirige vers la ville.

Et puis voici le soir, un lent et calme crépuscule d'été ! Au lieu de m'en retourner à mon hôtel, je vais m'asseoir dans le parc qui se dresse en avant de la ville comme une forteresse, et qui, en effet, a remplacé l'ancien château rouge des barons de Rothenbourg, ce château à qui la ville est redevable de son nom comme de sa vie même.

Une pesante odeur de jasmin remplit ce parc silencieux. Pas un couple d'amoureux sur les bancs ; seuls quelques enfants jouent çà et là, sur les sentiers.

La soirée est merveilleusement calme. Le soleil est descendu peu à peu derrière les montagnes lointaines. Je m'avance jusqu'au parapet du rempart, et je regarde, très bas au-dessous de moi dans la vallée, le petit château blanc de Toppler, et j'écoute le bruit monotone du torrent.

Et, par degrés, mon cœur est envahi d'une impression très douce à la fois et très angoissée.

Le paysage, le calme du soir, les chansons populaires, la figure du saint de Dettwang, tout cela se réunit en moi, et mon cœur bat follement dans ma poitrine. Il me semble que je vais être forcé de m'enfuir aussitôt d'ici, et puis de courir par-dessus monts et vallées, de courir vers une petite ville très loin là-bas au Nord, où des enfants pareils à ceux qui m'entourent jouent de la même façon sur des sentiers parfumés de jasmin : une petite ville toute semblable à celle-ci, une petite ville où quelqu'un attend vainement et pleure et s'afflige, solitaire comme moi sous cette pâle, cette plaintive soirée d'été !

V

Pendant que je m'en retournais vers mon hôtel, au sortir du parc, je vis que le restaurant du Père Eisenhut, dans la Herrenstrasse, était encore éclairé.

Ce restaurant du Père Eisenhut est un vaste local qui ressemble en partie à une des portes de la ville et en partie à cette *Prison de Dardanus* qui se trouve reproduite dans une gravure de Piranèse que j'ai vue bien longtemps accrochée à la devanture d'un brocanteur, dans un faubourg de Copenhague.

C'était tout à fait au début de mes années de poète décadent, et je demeurais alors au deuxième étage d'une maison de la rue Schœnberg; et, tous les jours, dans l'après-midi, je m'en revenais chez moi, au centre de la ville, avec mon vieil ami Francis Beckett, qui maintenant s'est voué à l'histoire de l'art, et est en train d'étudier à Florence. Mais, dans ce temps-là, ni l'un ni l'autre de nous

n'avait l'occasion d'approcher de vrais chefs-d'œuvre
artistiques ; et aussi avions-nous coutume d'explo-
rer patiemment tous les étalages des marchands
d'antiquités, afin de nous réjouir les yeux, tantôt,
d'un ancien plat de faïence, tantôt d'admirer un de
ces solides objets de cuivre que fabriquaient les
honnêtes ateliers du temps de l'Empire. Toutefois,
cette gravure de Piranese était·notre joyau, et
chaque jour nous nous perdions en conjectures
sur cet étrange endroit que le titre de la gravure
appelait la *Prison de Dardanus*, et qui nous faisait
voir une réunion extraordinaire de constructions
de toute espèce, corridors voûtés, colonnades,
escaliers servant à relier les divers étages de l'édifice, ou bien aboutissant à des sortes de petits balcons suspendus tout en haut, au-dessus de la
voûte. Du prisonnier Dardanus lui-même, on n'a-
percevait aucune trace : mais, tout au premier plan
de la gravure, un gros anneau pendait, au pied d'une
colonne, avec une chaîne attachée à l'anneau.

Le restaurant du Père Eisenhut à Rothenbourg
n'avait certes pas des proportions aussi grandioses,
mais il n'en était pas moins conçu vraiment dans
le style de Piranese ! Le regard s'y perdait de
tous côtés sous des voûtes pleines de ténèbres, et

dans de sombres niches de l'effet le plus romantique. Les clients y voyaient, à leurs pieds, des escaliers abrupts s'ouvrir tout à coup dans le sol, et, à chaque pas, se heurtaient à d'autres marches d'escaliers, et s'égaraient dans une foule de petites pièces dont chacune avait une hauteur différente de celle des autres. Il y avait même quelques-unes de ces pièces qu'une rangée de marches séparait en deux compartiments, de hauteur inégale.

Je ne pus résister au désir d'entrer encore dans cette étrange maison, où tout était déjà désert et à demi-obscur. De l'une des petites chambres du fond, seulement, j'entendais un tintement de verres et un échange de voix.

A la servante qui finit par sortir de l'un des escaliers souterrains, je demandai qui étaient ces hôtes, et si l'on pouvait s'attabler près d'eux. Elle me répondit que c'étaient « des gens du pays », et que je pouvais parfaitement entrer dans leur chambrer.

Je grimpai donc les marches qui y conduisaient. Au même moment, une forte voix de basse se mit à entonner une chanson à boire dont le refrain était repris en chœur par toute la compagnie.

J'adressai à celle-ci un léger salut, et allai m'asseoir un peu à l'écart, devant une petite table installée dans un coin. Et bientôt la servante de tout à l'heure m'apparut de nouveau, avec un grand bocal de vin aigre de la Tauber.

Et maintenant il faut que je m'excuse auprès du lecteur, pour la ressemblance que lui offriront mes impressions avec les fantaisies d'un Hoffmann : mais tout ce que je vais raconter s'est passé exactement comme je vais le dire.

A peine, donc, me trouvais-je assis devant mon verre, que l'un des frères buveurs de la grande table s'approcha de moi. Il était de très haute taille, tout à fait comme un de mes camarades de jeunesse que nous appelions toujours de son surnom de Boerge. Il avait tout à fait la même taille que Boerge, et était un peu voûté comme Boerge, et portait toute sa barbe, également comme Boerge. Mon cher vieux Boerge ! Quand l'hiver était tout blanc, et la nuit toute claire de lune, nous aimions à errer ensemble dans les avenues plantées de villas, là-bas à Fredriksberg. Nous ne nous parlions point, mais la nuit d'hiver était toute blanche, et la pleine lune brillait, et nous étions heureux de nous promener en compagnie l'un de l'autre. Ah ! oui, Boerge ! comme cela est déjà lointain !

Et donc, encore une fois, à peine m'étais-je assis que s'approcha de moi cet étranger qui ressemblait à Boerge. Ou plutôt ceci n'est pas tout à fait exact : car je me souviens que j'étais assis depuis déjà quelque temps, et que, même, j'avais déjà vidé plusieurs bocaux du petit vin aigre.

Et voilà que vient vers moi cet homme pareil à mon cher vieux Boerge, et le voilà qui s'assied près de moi, de l'autre côté du bocal plein de vin doré, et qui me regarde par-dessus le vin ; et ses yeux sont verts et dorés comme le vin lui-même, avec un jaillissement de fines étincelles !

Et le voilà qui se met à me raconter son histoire, sans que je sache d'ailleurs si la langue qu'il emploie est simplement le patois allemand de Rothenbourg ou si c'est le bon vieux danois de Boerge, celui que j'avais l'habitude d'entendre, — bien rarement il est vrai, — le long des avenues semées de villas, dans les nuits blanches de neige.

VI

— J'arrive de Würzbourg ! me raconte-t-il. Et
les cloches de Würzbourg ont un son charmant,
et il n'y a pas de bière mieux brassée que celle de
Würzbourg. Te souviens-tu encore de la bière de
Würzbourg, là-bas à Copenhague, dans les temps
d'autrefois ? Nous étions assis au *Café du Parc*,
où un vieux garçon à l'allure aristocratique passait
devant nous avec sa barbe d'argent, et où nous
buvions la bière brune de Würzbourg, pendant
que le ciel bleu d'un soir de printemps dressait son immense voûte au-dessus des lampes
électriques du chemin de fer. Oui, je viens de
Würzbourg. Et les cloches de Würzbourg ont
un son charmant, et il n'y a pas de plus aimables
filles que les filles de Würzbourg !

Sur quoi Boerge éclate d'un rire d'enfant, parmi
son ample barbe blonde.

— C'est qu'on est un petit Don Juan ! dit-il.

Et puis, après cet aveu en manière de préface, il continue :

— Par une pluie battante, je suis arrivé à Würzbourg. Toutes les rues étaient inondées et absolument désertes. Je suis entré au *Trois Boules d'Or* et y ai mangé quelque chose qui s'appelait « de la viande de matelots », un mets que Dieu bénisse ! Puis, quand j'eus mangé et bu un peu de vin par-dessus cette viande, et puis encore du café avec un verre ou deux de mauvaise liqueur, je recommençai à errer par la ville. La pluie avait un peu diminué. C'était déjà tard dans l'après-midi. Il y avait marché dans la Grande Rue. Mais, au reste, il pleut toujours, dans ce pays-là, et tous les jours il y a marché.

« Je flânai longtemps, d'abord, dans la Grande Rue : car on est artiste, n'est-ce pas ! et on aime à étudier la vie populaire. Puis, j'arrivai devant une église, d'ailleurs affreuse, de style jésuite : et là s'ouvraient une foule de petites ruelles où je m'égarai.

« Près du seuil d'une ancienne petite maison avec de petites fenêtres en culs-de-bouteilles, j'aperçus un écriteau où il y avait : « Ici, on peut acheter des feuilles de laurier ». Et j'avais bonne envie d'entrer,

pour en acheter une petite provision. De cette
façon, j'aurais pu, parfois, m'offrir à moi-même
une couronne de laurier. Mais, au fait, c'est là un
usage désormais abandonné des jeunes de chez
nous, de nos symbolistes... Mon Dieu, j'oubliais
que toi-même tu en fais partie, de nos symbolistes ! »

Et Bœrge me sourit, comme pour s'excuser,
et, puis, sans l'ombre d'embarras, boit une forte
gorgée de mon bocal. Je jette un regard surpris
sur les autres buveurs, là-bas, qu'il a abandonnés
pour venir vers moi : mais ils continuent à rester
tranquillement assis devant leurs verres, enve-
loppés d'un nuage épais de fumée de pipes. Et
Bœrge, visiblement de plus en plus animé, poursuit son récit :

— On est tout de même un petit Don Juan !
proclame-t-il de nouveau. Et devine un peu qui je
rencontre dans une de ces petites rues écartées ?
Hé ! qui veux-tu que ce soit, sinon une petite
jeune fille toute fraîche ? Elle est mince et fine
comme un jeune arbre, et si fraîche, si gentille,
dans sa robe brune, avec ses lourds cheveux bruns
et ses grands yeux bruns ! Je la regarde, elle me
regarde, je me retourne et me mets à la suivre.

Bref, un moment après nous voilà assis ensemble, dans le jardin d'une brasserie, avec des verres de bière devant nous ! Toutes les tables sont mouillées, les tilleuls verts des jardins se reflètent sur elles. et le sol est jonché de petits bourgeons rouges que la pluie a fait tomber. Ma petite amie me raconte qu'elle est de la Forêt Noire, du pays des hautes montagnes et des bois de sapins, d'un endroit qui s'appelle... Oui, au fait, comment donc s'appelait cet endroit ? demande Boerge en s'interrompant.

— Mais, mon cher Boerge lui dis-je, le nom de cet endroit n'a aucune importance, et je connais assez toute ton histoire ! Moi-même, je l'ai vécue bien souvent, cette histoire là, en langue danoise, sinon en allemand ! Mais vous avez beau chercher, ô alchimistes de l'amour, jamais vous ne trouverez la pierre philosophale. Le grand œuvre ne se laisse pas acheter pour le prix dont vous voulez bien le payer. Il exige le sang même de notre cœur, et la fidélité de la vie entière, comme la jeune femme enchantée de l'ancienne chanson.

« Ah ! continuai-je, j'ai été moi-même parmi ces chercheurs d'or ! Mais je sais maintenant que, lorsqu'arrive le matin, l'or de la soirée précédente

se trouve changé le plus souvent en feuilles sèches
ou en sales charbons. Et cette révélation s'est produite, pour moi, après une nuit où j'avais voulu
distiller un élixir particulièrement subtil d'ivresse
et d'oubli : mais dans ma cornue j'ai trouvé, au lieu
de cela, un liquide amer tout composé de larmes, de
ces larmes qui sont salées comme les flots de la
mer, et qui ont l'amertume de la perdition sans
espoir. Et toi, mon pauvre vieux Don Juan, —
ajoutai-je en buvant à mon tour une gorgée, dans
le bocal désormais commun, — que tu sois un
ivrogne allemand ou un artiste danois, c'est toi
plutôt qui aurais profit à écouter une de mes
histoires ! »

Et, longuement et gravement, je regarde Boerge
au fond de ses yeux verts. J'y vois couler l'éternelle inconstance de la vie, la profonde infidélité
du cœur. Et des étincelles dorées jaillissent de
l'abîme vert de ces yeux de mon vieux camarade,
pareilles à celles qui pétillent dans le vin.

— Je vais précisément te raconter une histoire
de Don Juan ! lui dis-je. Un soir, Don Juan errait
parmi les ruelles d'une petite ville allemande. Par
les portes ouvertes des églises, il voyait briller les
cierges allumés sur les autels, et il entendait de

claires voix de moines qui, pendant les vêpres, s'occupaient à louer le Dieu triple et un. La mélodie grégorienne s'élevait en grandes vagues, simples et pures comme celles de la mer, et puis retombait. L'office divin était fini, et toute l'assistance se dispersait sur le marché, autour de Don Juan, le promeneur solitaire. Et les jeunes filles lui jetaient un coup d'œil au passage, en serrant leur livre de prières sur leur poitrine, et curieusement elles considéraient son grand chapeau aux plumes flottantes, son manteau orné de rubans de soie rouge, et sa culotte blanche, et la fine épée qu'il traînait à sa suite.

« — Regarde donc ! Un Espagnol ! — se murmuraient-elles l'une à l'autre, et puis elles riaient un peu et s'enfuyaient par les ruelles étroites aux pignons saillants, et pénétraient sous des portes obscures. Et Don Juan ne parvenait pas à les aborder ; et bientôt il se retrouvait seul, sur la Place de l'Église redevenue vide ; et personne ne se voyait plus dans les rues qu'une vieille femme qui, lentement, rentrait chez elle, après s'être attardée à prier devant l'autel de la Vierge.

« Alors Don Juan se mit à jurer et à maugréer. Et longtemps il erra par la ville, et son épée résonna de plus en plus haut contre les pavés ; et à chaque fenêtre éclairée Don Juan frappait, et sa voix appelait toutes les figures féminines que ses yeux allumés croyaient apercevoir dans l'ombre des ruelles. Mais le grand séducteur ne put trouver aucune femme qui consentît à recevoir ses caresses ; et les lumières de la ville s'éteignirent, et tous les clochers voisins sonnèrent l'heure de minuit.

« Et alors, il vit enfin, de loin, briller une lumière. S'étant approché précipitamment, il aperçut une fenêtre grillée au-dessous de laquelle étincelait une lampe ; et une femme très belle était assise, derrière la grille.

« Et Don Juan s'arrêta au milieu de la rue, ôta son large chapeau dont les plumes balayèrent le pavé, et il dit :

« — Noble dame, permettez-moi de me reposer dans votre maison ! Je suis étranger, et ai besoin de me divertir ! »

« La dame ne répondit rien : mais, à la lueur vacillante de la lampe, il parut à Don Juan qu'elle lui souriait. Aussi commença-t-il à lui adresser des requêtes plus pressantes, avec toute sorte de déclarations passionnées, et en lui pro-

mettant tous les trésors de son cœur de flamme.
Mais la dame ne répondait toujours rien, et
continuait simplement à sourire.

« Alors Don Juan, tout brûlé d'impatient désir,
se précipita contre la porte ; mais elle était fermée.
Il appela l'inconnue à travers la grille : mais
l'inconnue ne lui répondit pas.

« Alors, il se mit à la railler et à l'insulter,
l'accablant de toutes les paroles impures dont son
esprit était plein. Mais toujours la femme ne lui
répondait rien, et toujours elle continuait à sourire.

« Alors Don Juan commença à la maudire,
appelant sur elle toutes les puissances de l'Enfer,
et puis il la maudit en invoquant tous les saints,
et enfin la Mère de Dieu elle-même.

« En ce moment, la lumière de la lampe rayonna
brusquement. Et, dans cette lumière, Don Juan
découvrit que c'était une image, et non pas une
forme vivante, qui se tenait derrière la grille :
l'image de la plus pure et sainte entre toutes les
femmes, la Mère de Dieu ! Et, avec une dernière
malédiction, Don Juan s'enfuit.

« Mais à l'heure de sa mort, sous l'étreinte terrible du Convive de pierre, Don Juan ne se repen-

tit de rien, ne renia aucun de ses actes. Il se res-
souvint seulement, avec une angoisse indicible,
d'un unique moment de sa vie : de cette nuit où
il avait abordé, et voulu caresser comme une
courtisane, celle qui porte sur son bras le Sauveur
du Monde. »

VUE GÉNÉRALE DU COUVENT DE BEURON

CHAPITRE III

LE MONASTÈRE DE BEURON

I

Non loin de la capitale de la petite principauté
de Hohenzollern-Sigmaringen, se trouve le monastère de Beuron ou plutôt, de son nom véritable, « l'archi-abbaye de Saint-Martin de Beuron ». C'est une maison de l'ordre bénédictin,
supprimée en 1876, mais qui de nos jours a été
ressuscitée par l'habile et énergique dom Maur
Wolter. Dom Wolter, d'ailleurs, ne s'en est pas
tenu à cette seule œuvre : il a créé également
deux dépendances de Beuron, à Maria-Laach sur
le Rhin et à Maredsous en Belgique, où est rédigée
et publiée la savante *Revue Bénédictine*.

En plus de son monastère, Beuron possède
encore trois hôtels, aux environs de la gare : ainsi
que j'ai pu m'en assurer de mes yeux lorsque, un
certain jour de juin vers l'heure de midi, je me

suis assis à la terrasse de l'un de ces hôtels, toute couverte de houblon vert, pour m'y faire servir un modeste repas consistant en une tranche de pain et un flacon de vin rouge du pays.

Je n'avais pas été le seul à descendre, ce jour-là, sur le quai de la petite gare. Toute une troupe de voyageurs y étaient arrivés avec moi de Sigmaringen, des paysans, vieux et jeunes, hommes et femmes, avec de longs bâtons et des chapelets à la main : tous pèlerins se rendant à Saint-Martin de Beuron.

Cette troupe m'avait dépassé sur le chemin, chantant en chœur des cantiques. Et puis le rythme monotone de leur chant avait fini par s'éteindre, dans le calme de ce midi d'été; et bientôt moi-même, mon repas achevé, je me dirigeai à mon tour vers le monastère.

Après un quart d'heure de marche, je vis apparaître devant moi un édifice imposant, précédé d'un portique à colonnade, avec une grande porte fermée, toute bardée de fer, et, au-dessus d'elle, dans une « lunette », de claires figures peintes à fresque suivant le style « nazaréen ». Je restai un moment en arrêt, devant cette entrée, avant de

me résoudre à tirer la chaînette d'appel sus-
pendue près de la porte.

Un jeune frère, vêtu de la robe noire de l'ordre,
vint m'ouvrir, et, dès qu'il m'eut entendu demander le « père hôtelier », s'empressa de me faire
entrer.

Je me trouvai dans un long corridor, à l'autre
extrémité duquel j'aperçus une nouvelle porte
surmontée de l'inscription : *Clausura*. C'était donc
seulement derrière cette porte que commençait la
« clôture », le couvent véritable.

Mais cette porte, à son tour, s'ouvrit devant le
frère qui m'accompagnait, et par de longs corridors blancs celui-ci me conduisit jusqu'au parloir
des hôtes.

Il ne me dit pas un mot, tout le long du
chemin ; et lorsque, dans l'un des corridors,
nous rencontrâmes un vieux moine, je pus
observer que celui-ci évitait de nous regarder et
semblait hâter le pas, après une simple inclinai-
son de tête.

Le parloir du monastère est une vaste salle, très
profonde et quelque peu obscure. Au milieu, une
table ; tout le long des murs, des bancs, interrom-
pàs par un lourd buffet, et, çà et là au-dessus de

ces bancs, de bons tableaux d'anciens maîtres allemands ou flamands.

La vue de ces tableaux me rappela aussitôt que les Bénédictins de Beuron appartenaient à une congrégation qui s'occupe de pratiquer l'art de la peinture, et que c'est précisément à cause de cela que moi-même étais venu à Beuron, maintenant, afin de revoir là, parmi les montagnes de la Forêt-Noire, un ami que j'avais vu pour la dernière fois à Copenhague, au cours d'une joyeuse soirée mondaine, étendu sur un sofa et s'amusant à dessiner les portraits de quelques jeunes femmes en riches toilettes.

Le jeune frère me quitte pour aller annoncer mon arrivée au Père hôtelier. Pendant dix minutes je reste seul avec les tableaux des murs et mes propres pensées. Et puis la porte s'ouvre, et je vois entrer d'abord le Père hôtelier lui-même, un grand et bel homme avec une chevelure d'argent coupée très court, et, derrière lui, l'ami que je suis venu voir, vêtu du même costume tout laïc qu'il avait l'habitude de porter à Copenhague, et me souriant sous sa longue barbe blonde.

C'est lui qui me présente au Père hôtelier,

dont les yeux clairs brillent avec bonté dans un visage aux contours précis et pleins de noblesse, tandis que ses longs doigts blancs s'agitent, d'un geste nerveux, sous le large repli qui forme comme une espèce de tablier, ou plutôt encore de manchon, pendu sur le devant de sa robe noire.

Nous échangeons d'abord quelques réflexions d'ordre général.

— J'imagine que vous n'êtes jamais encore entré dans un monastère ? me dit en souriant le Père hôtelier.

— Oh ! non, s'écrie mon ami avec un gros rire, et je vois bien que le pauvre garçon est déjà tout épouvanté !

Je m'empresse, naturellement, de le contredire. Mais le fait est que je me sens légèrement troublé, lorsque, quelques minutes après, mon ami me conduit dans la chambre qui m'est destinée, une assez grande cellule au premier étage, et que là, après un instant d'entretien à voix basse, il me laisse seul et fait mine de se retirer, attendu que, me dit-il, chacun doit observer ici la règle du *silentium*.

— Comment ? demandé-je. Est-ce que l'on n'a pas le droit de parler, ici ?

— Non, pas dans l'intérieur du couvent ! Dans le jardin, en bas, on peut causer : mais les Pères ne voient pas d'un bon œil que l'on reste longtemps au jardin sans un livre à la main.

Puis, en apercevant ma mine effarée, il ajoute, avec un gai sourire rassurant :

— Sans compter qu'il y a les deux heures de récréation, l'une après le repas de midi, l'autre après celui du soir, pendant lesquelles chacun peut parler autant qu'il le désire !

Mon ami me laisse seul. Je m'assieds à une petite table où l'on a placé un encrier et une plume. Au-dessus de la table est accroché un carré de papier où je lis le *règlement* que voici :

A   4 h. 20 du matin : *Angelus*.
A   7 — 1/2   —   *Prime*.
A   9 — 1/4   —   *Tierce*, Grand'Messe, *Sexte*.
A 12 —   —   *Angelus*. Diner, Action de grâce.
De 12 — 1/2 à 1 h. 1/2 : Récréation.
A   2 — 1/2   *None*, Vêpres.
A   7 —   Souper.
De 7 — 1/2 à 8   Récréation.
A   8 —   Complies. *Angelus*.

Cet *Angelus* répété trois fois est la prière commémorant la salutation de l'archange Gabriel à Marie, et que le monde catholique, avec ses millions de cœurs et de voix, a coutume de réciter chaque jour au lever du soleil, à midi, et le soir.

Les autres mots écrits en *italiques* signifient les heures « canoniques », telles qu'elles étaient observées autrefois chez nous, en Danemark. Elles se divisent en « petites heures » : *prime, tierce, sexte* et *none*, et en « grandes heures » qui sont les Matines et les Laudes, au début de la journée, les Vêpres et les Complies, à la fin de celle-ci. Pour célébrer ces heures, les moines se réunissent au chœur de leur église, et, sous la direction du Père abbé, récitent les prières prescrites en les psalmodiant. Ces prières sont formées surtout des Psaumes de David, ce qui prouve bien que l'origine de la célébration des « heures » remonte jusqu'aux âges apostoliques où les premiers chrétiens « se maintenaient dans la doctrine des apôtres, dans la communion du pain, et dans la prière ». Car on sait que, dès lors, cette « prière » consistait précisément dans la récitation des Psaumes de David, oraisons consacrées de l'ancien peuple juif.

Et parmi toutes ces pensées le temps s'écoule, et voici que j'entends la cloche de midi. On frappe à ma porte, le Père hôtelier entre vivement, et m'invite à le suivre.

Nous descendons l'escalier, nous traversons au pas de course des passages et des corridors, et, sans cesse, je vois des moines en robe noire suivre rapidement la même direction. Le but de notre course est le réfectoire. Sur le seuil de celui-ci, mon ami m'attend, et me murmure rapidement, d'un ton inquiet :

— Le Père abbé est déjà là !

Je m'empresse de franchir la porte, et mon ami m'entraîne à sa suite dans une salle où il me fait signe de me placer debout, à côté de lui, le dos appuyé à une petite table.

Et je fais ainsi qu'il le veut, et je reste là, debout, promenant autour de moi un regard curieux.

Je me trouve dans une salle très grande et très haute, avec des fenêtres percées à une grande hauteur et toutes formées de petits carreaux clairs. Le long de tous les murs sont dressées des tables, devant lesquelles tous les moines du couvent, à cette heure, se tiennent debout. Aucun d'eux ne tourne les yeux vers moi, les capuchons noirs sont abaissés sur toutes les têtes, tous les bras sont croisés sur les poitrines.

Au milieu de la salle, juste devant moi, se tient le Père abbé, seul devant une petite table : un petit homme trapu, avec des cheveux gris, portant une grosse croix sur sa poitrine. Derrière lui j'aperçois une espèce de chaire à prêcher.

— *Benedicite*, commence l'abbé, d'une voix haute et bien timbrée.

Un moine entre dans la salle, à ce moment : mais au lieu de se diriger vers sa place accoutumée, voici qu'il vient tomber à genoux au milieu de la salle, devant le Père abbé ! Il restera dans cette posture jusqu'à ce que l'on ait fini de manger la soupe, après quoi l'abbé, d'un coup frappé sur sa table avec un petit marteau, lui signifiera que sa pénitence est achevée. Et bientôt deux autres moines viennent s'agenouiller à côté du premier. L'un, par négligence, a percé un petit trou dans sa serviette, qu'il présente timidement au Père abbé ; l'autre a brisé une assiette, et tient dans chaque main l'un des deux morceaux. Eux aussi, force leur sera de rester à genoux, jusqu'au moment où le coup de marteau de l'abbé les délivrera.

Pendant que j'observe toutes ces particularités, les moines ont fini de chanter leur prière d'avant le repas, et l'on nous apporte des soupières fumantes. Mon ami et moi, nous prenons place à la « table des hôtes », et y sommes servis par le Père hôtelier, — un ancien comte, d'après ce que mon ami me murmure à l'oreille, — comme aussi par un autre Père très âgé, avec une longue barbe entremêlée de fils d'argent.

Humblement, ce dernier Père nous présente nos assiettes, les change, nous apporte des couteaux et des fourchettes propres. Et certes rien, dans sa manière d'être, n'aurait de quoi me faire deviner que j'ai là pour serviteur le plus savant et admirable peintre de tout le couvent, le fameux père Désiré.

La cuisine des Bénédictins de Beuron est, d'ailleurs, excellente. On nous sert une soupe aux pois, du macaroni bouilli, de pseudo-filets de poissons, — je les appelle ainsi car il se trouve qu'ils sont faits, simplement, de pain gratiné, — enfin du fromage et des fruits. A boire, nous avons de la bière ou du vin, suivant qu'il nous plaît.

Malheureusement, je me sens encore trop accablé sous l'impression de ce milieu inaccoutumé pour avoir le loisir de goûter pleinement la qualité du repas.

Je n'entends, au reste, que fort peu de chose de
ce que nous lit tout haut l'un des frères, installé
dans une chaire, derrière la table du Père abbé :
mais mon ami m'affirme plus tard que la lecture
a consisté, cette fois, en un chapitre des plus inté-
ressants d'un ouvrage nouveau sur l'*Art Egyptien*.
Comme l'on n'a pas le droit de causer pendant
les repas, et que le séjour au réfectoire se trouve
ainsi dépouillé du murmure joyeux qui accom-
pagne toujours les repas de la vie séculière, une
règle fort ancienne veut que, à chaque repas, l'entretien soit remplacé par une lecture à voix haute.
Et que les moines du couvent de Beuron aient
profit à être renseignés sur l'art égyptien, la chose
n'a rien pour surprendre si l'on songe que l'école
de peinture de Beuron atteste très vivement l'influence des peintures décoratives de Luxor et de
Karnak.

C'est ce que je découvre, pour ma part, lorsqu'après le dîner mon ami et moi nous visitons la
chapelle de Saint-Maur, toute décorée par les
moines du couvent... Mais patience, le repas n'est
pas encore terminé. Il le sera, comme il a été
commencé, par un chant pieux, cette fois le chant
d'actions de grâce ; après quoi, l'abbé marchant en

tête, les moines sortiront du réfectoire, deux par deux. Mon ami et moi nous sortons à leur suite, et devant nous j'aperçois tout le long corridor blanc rempli de noirs capuchons pointus qui, solennellement, s'avancent comme en procession.

Le chant se poursuit, et, longtemps encore après que mon ami et moi nous sommes détachés du cortège, nous entendons les fortes voix sonores dans les corridors du couvent. Mais enfin elles s'éteignent là bas, au delà des portes de l'église.

Il me semble que beaucoup de temps s'est écoulé depuis que, tout à l'heure, mon ami m'a conduit dans ma cellule. N'y a-t-il vraiment que quelques heures que, d'un pas hésitant, j'ai franchi pour la première fois cette porte de la clôture par laquelle nous sortons maintenant?

Nous franchissons également la porte extérieure, et, laissant la route, nous nous engageons sur un petit sentier qui serpente parmi des prairies en fleurs. Un pont nous mène au delà du clair Danube, où nous voyons nager des truites tachetées, et flotter doucement, à la surface, les amples feuilles vertes de plantes aquatiques.

Mon ami cueille des fleurs dans l'herbe haute, des fleurs bleues, jaunes, et blanches, les mêmes

que j'ai cueillies, la veille, aux environs de Rothenbourg.

Et nous pénétrons dans l'ombre d'un bois,
et longtemps nous errons sur la montagne plantée
de vieux arbres. Le sentier passe devant un énorme
mur de pierres grises, où, tout à coup, nous découvrons une véritable porte naturelle, creusée
dans le roc. Pendant une bonne heure, nous con-
tinuons de grimper. Autour de nous, maintenant,
se dresse une forêt de hêtres, et entre les troncs de
ceux-ci nous voyons, très bas à nos pieds, se déployer la vallée où le Danube se fraie, en tournant, un passage parmi les prairies, et où des
ruines d'anciens châteaux-forts se dressent, çà et
là, sur des rocs lointains.

Et puis, par un autre chemin, nous revenons
vers le couvent, et mon ami, à présent, me parle
de la vie et de la destinée des moines.

— Là-haut, dans le nord, me dit-il, dans ces
pays protestants où nous sommes nés l'un et
l'autre, on a toujours l'habitude de plaindre les
moines et les religieuses. Avec une compassion
merveilleuse, on se désole à la pensée de tout ce
que à quoi ces pauvres gens sont contraints de
renoncer. Mais, à y bien réfléchir, quels sont donc

au juste ces biens si précieux auxquels un moine
est contraint de renoncer? Veux-tu que nous
examinions la chose avec un peu de sang-froid?

« Oui, en effet, il est bien vrai que l'homme
qui devient moine se trouve empêché de duper
ses frères, les autres hommes, sous prétexte de
leur vendre des choses dont ils ont besoin. Cet
homme là n'abuse pas de la réclame, ne ruine pas
ses confrères par la concurrence, et jamais il ne
connaîtra la joie, le samedi soir, de s'en aller vers
une villa luxueuse et de mauvais goût, pour se
reposer des ennuis de son asthme et de sa podagre.
Impossible pour lui, également, d'exploiter une
foule de malheureux ouvriers pendant sa vie, et
puis. après sa mort, de laisser des legs philanthro-
piques.

« Il est bien vrai aussi qu'un moine ne peut pas
se marier ; mais j'ai vu, quant à moi, assez de
mariages malheureux pour ne pas être d'humeur
à déplorer beaucoup la misère du célibat. Sans
compter que nos pays protestants ne manquent
pas, me semble-t-il, de vieux garçons et de vieilles
filles dont personne ne s'avise de plaindre la
destinée. Nos coreligionnaires devraient employer
tout d'abord leur charité à essayer de marier en-

semble tous ces messieurs et toutes ces demoiselles qu'ils voient autour d'eux ! Il y aurait là, pour eux, une façon très suffisante de contribuer à réaliser l'unique idéal de bonheur qu'ils semblent concevoir !

« Et maintenant, qu'est-ce donc que nous offre d'excellent, à nous autres, cette « civilisation moderne » que nous prisons si haut ? Nous entrons dans la vie, — toi et moi et tout le reste de notre espèce, — nous entrons dans la vie avec des idéals généreux, avec des rêves de tendre bonheur, avec des aspirations surhumaines ! Et alors que nous dit-on ? D'un côté l'on nous répète : « Devenez raisonnables, et inclinez-vous devant la vie ! Réconciliez-vous avec la réalité ! Faites votre devoir ! Accomplissez votre tâche ! » Mais tout cela, pour nous, n'a aucun sens. Pour les « libres esprits » de notre sorte, les mots « devoir » et « travail » ne signifient absolument rien. Ce que nous voulons, c'est développer notre moi, c'est vivre pleinement notre vie, c'est jouir et nous amuser, et acquérir la plus grosse somme possible de puissance et d'honneur. Et voici que, de l'autre côté on nous dit : « Allez vous promener, le soir, au long des rues ! C'est là que vous pourrez vous procurer

toutes les aventures et vous payer toutes les jouissances ! Et, le jour, allez écrire dans les journaux,
ou bien faire votre cour aux journalistes ! C'est là
que s'obtiennent aujourd'hui tout honneur et toute
puissance ! » Telles sont les deux voix que nous
entendons à nos oreilles, et aucun doute n'est possible sur le choix de celle que nous nous décidons
à écouter.

« Oui, voilà ce que nous offre, à nous les civilisés par excellence, notre civilisation moderne !
Car ceux-là seulement qui n'ont point été admis
à pénétrer derrière les coulisses, ceux-là seulement
croient encore aux mots d' « humanité », de « progrès », de « bonheur universel ». Nous avons tous les
deux, — du moins si je ne me trompe, — connu de
trop près le sourire d'augure avec lequel les initiés
lancent dans le monde ces mots prestigieux. C'est ce
que l'on appelle, dans notre langue moderne, saisir
le peuple par le nez et s'élever au-dessus de lui en
y prenant appui. Et quiconque ne juge pas les
choses de cette façon, celui-là n'est qu'une bête,
et digne tout au plus d'étancher sa soif dans ces
urnes à scrutins qui servent à l'élection de nos
députés ! »

Le jeune peintre, par degrés, avait haussé la

voix, et ses paroles retentissaient avec une ampleur singulière, sous l'immense voûte des forêts de Beuron. Puis, pendant quelque temps, nous marchâmes en silence, et je songeai en moi-même au changement imprévu que révélait un tel discours chez mon grand diable d'ami à la barbe blonde.

En redescendant parmi les prairies, nous rencontrâmes une nouvelle petite troupe de pèlerins qui, tout en récitant leur rosaire, se dirigeaient lentement vers la chapelle de Saint-Maur.

— Que loué soit Jésus-Christ! leur dit mon compagnon, par manière de salut.

A quoi ces braves gens répondirent?

— Durant toute éternité! *Amen* !

Et ce fut d'une voix toute douce et tendre que mon ami me dit, en se retournant vers moi :

— Si tu veux, nous allons les suivre! Nous allons nous rendre avec eux à la chapelle de Saint-Maur!

Cette chapelle se trouve à la lisière de la forêt, tout au bord de la grand'route qui conduit à Sigmaringen. Au-dessous d'elle, des prairies s'étendent jusqu'au Danube, et l'on voit se dresser les dépendances du couvent, des maisons de bois peintes de couleurs gaies, avec des inscriptions en

grosses lettres sur les pignons. Je pus lire l'une
de ces inscriptions, un distique signifiant : « Tout
ce qui donne de la force ne croît que dans la solitude. » Et il me sembla entendre une parole jaillie
du cœur même de la race germanique.

Un jeune frère se montra, entre deux maisons.
Mon ami l'accueillit du salut bénédictin :

— *Benedicite* ! (Bénissez-le Seigneur !)

Et le jeune frère répondit d'un affectueux signe
de tête.

— On l'a envoyé ici, dans les champs, pour sa
santé, m'expliqua mon ami.

Bientôt nous montâmes à la chapelle de Saint-
Maur. Je dis : « nous montâmes » parce que cette
chapelle était construite dans le style des temples
anciens, avec de larges escaliers et un portail à
colonnade. Elle était décorée, sur tous ses murs,
de fleurs de lotus égyptiennes ; et, au-dessus d'une
Vierge qui, elle-même, n'était pas sans ressembler
aux images de la déesse Isis portant dans ses bras le
petit Horus, se déployait le Soleil ailé avec les Ser-
pents d'Uréus. Mais toute cette décoration n'impor-
tait guère aux simples et pieux pèlerins que nous
voyions prier, avec un recueillement touchant, à
l'intérieur de ce sanctuaire égypto-catholique...

Quand nous rentrons au couvent, la cloche du
souper a déjà sonné. Comme pour le repas de
midi, tout le monde se rassemble au réfectoire,
on chante les oraisons, et nous nous asseyons à
notre place de tout à l'heure. De nouveau, l'on
nous sert de la soupe, mais ensuite nous
avons un plat de viande, du fromage, et des
fruits.

Après le repas, le Père hôtelier me présente au
Père abbé. Les yeux vifs et pénétrants de ce derniers restent comme plongés dans les miens, pendant qu'il s'entretient avec moi de nos pays du
nord, de leurs théologiens, du protestantisme en
général. Et tandis que nous causons ainsi, peu à
peu la troupe entière des moines se met en rangs
derrière nous, deux par deux : car les moines n'ont
le droit d'aller nulle part sans être conduits par
l'abbé, et c'est maintenant le temps de la récréation au jardin.

— Sais-tu que le Père abbé a été extraordinai-
rement aimable pour toi? me dit mon ami, lorsque
nous nous retrouvons en tête-à-tête.

Nous prenons part à la récréation, marchant de
long en large sur une terrasse au pied de laquelle
la roche plonge à pic dans le Danube. Le Père

hôtelier nous rejoint bientôt, mais la conversation n'a rien d'intéressant.

Puis j'entends sonner la cloche de l'église : c'est l'heure des Complies.

En compagnie de mon ami, je pénètre dans l'église à demi-obscure. Dans les hautes stalles du chœur, je vois se dresser les figures sombres des moines, coiffées de leurs capuchons pointus, et tout de suite, mêlé à la voix puissante de l'orgue, coule le chant grégorien, d'un flot régulier.

— *Jube Domine benedicere*! commence une voix seule, dans le demi jour.

— *Noctem quietam et finem perfectam concedat nobis Dominus omnipotens* ! *Amen* ! répond une autre voix.

Puis une troisième voix s'élève, qui chante, d'un ton approprié au sens des paroles :

— Mes frères, soyez de sang-froid et pleins de diligence, attendu que votre adversaire le diable tourne autour de vous, comme un lion rugissant, en quête de celui qu'il pourra dévorer ! mais vous, sachez lui résister, en vous conservant forts dans la foi ! Et toi, Seigneur, aie pitié de nous !

Après quoi d'autres voix encore entremêlent d'autres prières au chant des Psaumes de David, entonnés par le chœur tout entier. Et puis chacun s'en retourne dans sa cellule, et moi-même reprends le chemin de la mienne.

La soirée d'été est claire et calme. J'ouvre ma fenêtre.

Je vois se déployer, au dehors, devant moi les faîtes de vigoureux marronniers semés de fleurs rouges. Plus loin, derrière la verdure silencieuse du jardin, j'entends parler à voix basse, tandis que des enfants courent et jouent. Et je me sens le cœur étrangement lourd, et tout mon désir s'en va très loin de ce lieu, là-haut vers le nord !

Une cloche tinte, pour l'Angelus. Mais mon cœur est rempli d'une plainte si haute que nul son de cloche ne saurait l'étouffer.

Et avec David je m'écrie :

« Pourquoi t'affliges-tu, mon âme, et pourquoi me troubles-tu ? »

Lentement je ferme la fenêtre, me déshabille, et me mets au lit.

Les lits des chambres d'hôtes, chez les Bénédictins, sont moelleux et accueillants : je reste étendu, sous mon drap, avec ma bougie allumée sur ma table de nuit, tout près de moi. Peu à peu, mon inquiétude s'apaise. J'écoute, curieux de savoir si rien ne bouge, dans le couvent : mais je ne me trompais pas, dans la chambre qui est tout juste au-dessus de moi, il y a quelqu'un qui ne cesse point de marcher, de long en large.

Réconforté par cette impression de n'être pas seul, je me décide à ouvrir le livre que mon ami a laissé près de mon lit. C'est une édition latine de l'*Imitation du Christ*.

J'ouvre ce petit livre tout à fait au hasard, et mes yeux tombent sur les mots suivants : *Relinque omnia et invenies Deum !* « Abandonne toutes choses, et tu trouveras Dieu ! »

Ces mots coïncident merveilleusement avec ce que me disait mon ami, tout à l'heure, d'un ton si animé, pendant notre promenade en forêt.

« Abandonne toutes choses ! » C'est bien le même abandon qu'exigent de nous, dans le monde, les aigres apôtres du prétendu devoir ! Renonce à tout ce qui existe ! Le soleil et le printemps, les lèvres tendres et le vin exquis, la liberté et le bonheur, néglige tout cela, enferme-toi dans un atelier, ou un bureau, ou un laboratoire, et puis prends de la peine ! Prends de la peine ! Prends de la peine !

Et pourquoi prendre de la peine ?

Mais pour obtenir un emploi, pour acquérir de l'argent, pour pouvoir te marier !

Eh ! moi, je ne veux ni ne peux occuper un emploi, et les plaisirs que procure l'argent me sont trop indifférents pour que je me tue à en gagner ; et quant au mariage, ma vie de garçon m'offre de faciles jouissances qu'aucun mariage ne pourrait me donner !

Oui, que répondra-t-il à cela, mon aigre moraliste du « devoir » ? Je le défie bien d'y trouver une réponse qui vaille ! Tout au plus pourra-t-il écrire une dissertation sur l'égoïsme moderne, ou encore l'*égotisme*, comme la chose s'appelle lorsqu'il s'agit de personnes plus « distinguées ». Car un épicier, par exemple, peut s'accommoder d'être traité d'*égoïste :* mais un poète lyrique, lui, se trouve promu jusqu'à la qualité d'*égotiste*. Ce *t* intercalé produit tout l'effet d'une petite atténuation de culpabilité.

Donc, le moderne moraliste du « devoir » écrira une dissertation, et puis le monde égoïste, — ou égotiste, — poursuivra joyeusement son train de vie.

Mais l'auteur de l'*Imitation*, lui, ajoute un petit mot supplémentaire à son : *Relinque omnia !* il y ajoute le mot : *et invenies Deum*! et tu trouveras Dieu !

Et voilà que des hommes réfléchissent, et consentent à accepter cette belle promesse ! Et ils viennent en foule et se font disciples de saint Benoît et de saint François, de saint Bruno et de saint Dominique, et jamais ensuite n'éprouvent plus le regret de l'échange solennel qu'ils ont fait en renonçant au monde !

Et quand arrive le soir, ils ne considèrent pas avec un regard de désir la douce soirée d'été telle qu'elle est dans le monde, là où la vie nous tente avec ses fleurs rouges ! Mais ils s'assemblent au chœur de leurs églises, et, d'une voix puissante et imprégnée d'émotion musicale, ils chantent, sur la mélodie jadis composée par saint Grégoire :

« Qu'au loin s'écartent les vains rêves, les méchants fantômes de la nuit ! »

II

Le lendemain matin, je fus réveillé par mon ami
qui me dit, en jetant sur mon lit une brochure qu'il
tenait en main :

— Tiens, c'est le Père abbé qui t'envoie ceci !

C'était une livraison d'une revue catholique
anglaise. J'avais dit à l'abbé, la veille, que je
lisais volontiers les choses anglaises.

Mais, ce matin-là, je n'étais pas en humeur de
lire. Je me hâtai de me lever et de m'habiller, pour
descendre ensuite au parloir, où mon ami m'attendait : après quoi nous nous rendîmes ensemble au
jardin.

C'était un dimanche. La matinée rayonnait de
douce lumière. En face de nous s'étendaient les
montagnes vertes : un coucou appelait dans un
arbre, et l'écho lui répondait.

Nous restâmes à errer dans le jardin jusqu'à la
sonnerie annonçant la grand-messe. Et bientôt,
d'un balcon fermé qui s'avançait au-dessus du chœur

de l'église, — et que l'on appelait « la petite maison » — je me trouvai assister à tout l'office divin.

C'était un dimanche ordinaire. Suivant le cours habituel de la messe, l'officiant, descendu au pied de l'autel, commença par invoquer le Dieu de justice. « Juge-moi, Seigneur, et sépare ma cause de celle de l'impie ! » Puis fut récité le *Confiteor*, la confession solennelle des péchés.

Après quoi le prêtre remonta à l'autel, à cet autel qui symbolise le Christ, la pierre d'angle : parvenu là, il s'inclina et baisa la table de l'autel, pour lui témoigner sa vénération. A trois reprises, ensuite, il invoqua la compassion divine, une première fois en raison de notre ignorance, une autre fois en raison de notre péché, la dernière fois en raison du châtiment qui doit racheter nos fautes. *Kyrie eleison ! Christe eleison ! Kyrie eleison !*

Et voici maintenant que retentit le *Gloria in excelsis*, en un immense chœur se déployant à l'infini comme un flot de louanges. J'avais l'impression d'entendre la troupe entière des anges proclamant d'une seule voix : « Gloire soit à Dieu au plus haut des cieux, et paix sur la terre aux hommes de bon vouloir ! »

Debout à la droite de l'autel, le prêtre lit l'Épître ; puis, passant à l'extrémité gauche, et toujours debout, il lit l'Évangile. Et puis, de nouveau le grand chœur majestueux s'élève : « Je crois en un seul Dieu, le Père tout-puissant, Créateur du ciel et de la terre... »

C'est l'ancien Symbole de Nicée, que l'Église répète et célèbre ainsi, d'une voix très claire et pleine d'enthousiasme. Elle proclame au monde sa foi en Jésus-Christ, « le Dieu issu de Dieu, la Lumière issue de la Lumière, le vrai Dieu issu du vrai Dieu... »

Et, du même accent joyeux, les voix chantent ensuite la déclaration de la foi de l'Église à l'Esprit-Saint, « qui est notre Seigneur par qui nous vivons ». Et enfin, avec une confiance immuable, l'Église s'écrie : « Et j'attends la résurrection des morts, et la vie de l'éternité à venir ».

Alors commencent proprement les préparatifs du saint sacrifice. Le prêtre élève sur la patène d'or l'hostie non encore consacrée. Dans le calice saint il reçoit le vin et l'eau, qui lui sont versés de deux petites burettes, le vin et l'eau par où est symbolisée la double nature du Christ, divine et humaine.

Et puis monte jusqu'à l'autel la fumée de l'encens, symbole de la prière des saints, et le prêtre se lave les mains, de même qu'il faut que le fidèle purifie son âme de tout péché.

De nouveau le prêtre s'incline, de nouveau il baise l'autel ; après quoi, se tournant vers les fidèles, il les invite à prier : *Orate, fratres !*

Et maintenant approche l'instant solennel. Déjà la « Préface » nous engage à élever nos cœurs, *Sursum corda !* « Car il est vraiment digne et juste : juste et salutaire, que nous rendions grâces à Dieu, au Dieu saint, tout-puissant, et éternel, dont la majesté est louée par les Anges, adorée par les forces célestes, au Dieu dont la majesté fait trembler les puissants, tandis que le ciel et toutes ses armées bienheureuses ne cessent point de la célébrer. Et nous, unissant notre voix à la leur, nous prions et disons : Trois fois saint est le Seigneur, le Dieu des armées ! Le ciel et la terre sont pleins de sa magnificence, *hosanna* au plus haut des cieux ! Et que béni soit celui qui vient au nom du Seigneur ! »

Aux mots « saint, saint, saint », la sonnette du desservant tinte vivement. Toute la communauté des fidèles s'agenouille, et c'est à la fois des

lèvres et du cœur que jaillit l'invocation : « Trois
fois saint est le Dieu des armées ».

Dans le profond silence qui suit, pendant que
tous les fidèles se recueillent à genoux, on entend
le faible murmure de la voix du prêtre, à l'autel.
Les fortes paroles de tout à l'heure continuent de
vibrer au-dessus de la foule des têtes inclinées. Et
puis, tout à coup, la sonnette du desservant se
remet à tinter, cette fois d'un son tout joyeux,
lorsque le pain est changé en le corps du Christ,
et le vin en son sang.

Désormais le sacrifice solennel est accompli.

Sous la prière et la bénédiction, la messe s'achève.
Bientôt retentit le *Ite, Missa est*. Et le prêtre,
avant de redescendre de l'autel, récite à mi-voix le
dernier Évangile.

La messe a duré presque jusqu'à midi. Et voici
que, une fois de plus, après le dîner, je me sens
saisi d'une inquiétude étrange ! Je vais trouver
mon ami dans sa chambre, où une énorme table
de sapin est toute couverte d'un pêle-mêle de
lettres et d'images. Cette table, elle aussi, a été
faite à Beuron : car il y a également des menui-
siers parmi ces moines artistes.

— Mais toi ? lui demandé-je, comment t'ar-

ranges-tu pour tuer le temps ? Comment peux-tu
vivre ici pendant des semaines et des mois !

Mon ami sourit dans sa barbe blonde :

— Vois-tu, me dit-il, je suis si constamment
occupé que je ne m'aperçois pas de la fuite du
temps ! Je suis tous les offices, et puis, en outre,
je prie un peu dans ma cellule. Et j'ai, aussi, bien
de l'ouvrage avec ma peinture : je travaille, en ce
moment, à une grande *Vierge*, là-bas dans l'un des
corridors. Et enfin, de temps à autre, on se distrait
à lire, — c'est ainsi que, pour le moment, je suis
plongé dans Ruysbroeck l'Admirable, — ou bien
l'on écrit, ou bien l'on regarde et médite. Parfois,
j'ai la visite d'un confrère, d'un des autres peintres
employés ici ; et alors nous causons longuement
de choses de notre art.

— Et est-ce que les autres peintres s'intéressent
à ta peinture ?

— Ma foi, oui, ils en sont très satisfaits. Et
non seulement les peintres, mais aussi les autres
moines. Tout récemment encore, l'un des plus
vieux Pères est venu me trouver, et m'a dit :
« Savez-vous que, depuis que votre *Vierge* est là,
dans notre corridor, le nombre des *Ave* qu'on y
récite est devenu beaucoup plus grand ? Aucun de

nous ne manque jamais d'en réciter un, lorsque nous passons devant votre peinture. » Et je t'assure qu'une parole comme celle-là me réjouit plus profondément que toutes les approbations de mes confrères !

Je restais assis, dans sa chambre, mais n'écoutais qu'à moitié. Par la fenêtre, je voyais la tache claire des bois ensoleillés, de l'autre côté de la vallée. Et bientôt j'avouai à mon ami que j'avais résolu de prendre congé de lui sur le champ.

— Mais pourquoi tant de hâte ?

— Je ne sais pas !... je crois que c'est le courage qui me manque...

— Le courage ?

— Oui ! je ne me sens pas le courage de passer encore une soirée ici !

Mon ami ne me comprit point, et moi-même, au fond, je ne me comprenais point, ni ne désirais approfondir mon sentiment. Nous sortîmes de la chambre pour nous mettre en quête du Père hôtelier, et puis j'allai faire ma visite d'adieu au Père abbé. Celui-ci laissa voir une certaine surprise de ce départ précipité, mais se défendit d'en pénétrer le véritable motif. Il se montra aimable et bon pour moi, comme le jour précédent.

Le Père hôtelier avait fait préparer, en mon honneur, quelques tasses d'un café de qualité exceptionnelle. Et, pendant que nous savourions ce régal, je racontai à l'excellent Père qu'une dame de l'aristocratie allemande, qui portait le même nom que lui, avait naguère traduit quelques-uns de mes contes.

— Vraiment? — dit-il, de sa voix profonde, mais cette fois un peu lointaine et comme indifférente. — Il est fort possible que nous soyons parents! Je sais qu'il y avait une jeune dame, dans la famille, qui s'occupait de romans et de poésie, et d'autres choses du même genre...

Évidemment, le sujet ne l'intéressait guère. Mon ami se tourna vers moi avec un sourire de compassion, comme pour excuser le digne Père hôtelier qui, avec son humeur distraite, oubliait que son hôte, lui aussi, « s'occupait de romans, de poésie, et d'autres choses du même genre ».

Et puis, décidément, je prends congé. Pour la dernière fois je rencontre le Père hôtelier, dont le beau visage, avec ses yeux bruns merveilleusement purs, m'est déjà devenu familier comme celui d'un ami, pendant ces quelques heures où j'ai joui de l'hospitalité de Beuron.

Et, lorsque les portes se sont refermées derrière moi, je me retrouve seul sous le libre ciel. Mon ami, retenu par son travail, est resté au couvent.

Dans la lumière rayonnante de l'après-midi, je suis lentement le chemin qui longe le Danube, me dirigeant du côté de Sigmaringen : car j'ai formé le projet de me rendre à pied jusqu'à une gare voisine, appelée Hausen.

Un calme merveilleux remplit, à cette heure, toute la vallée du Danube. Pas un bruit entre les deux chaînes de vertes montagnes ensoleillées, dont la roche grise brille çà et là, parmi les grands arbres. Par instants, seulement, le murmure d'une voix lointaine, ou le claquement vif d'une porte ouverte ou fermée quelque part, dans une des petites maisons de la montagne.

Je me sens pénétré d'une forte odeur de foin, où se mêle le parfum des prairies en fleur. Je vois pousser, à une hauteur inaccoutumée et en nombre infini, des pâquerettes et des ancolies, des clochettes et des marguerites, toute une flore bleue et blanche, au-dessus de laquelle s'agite et bourdonne sans arrêt le vol léger de milliers d'insectes.

Et je vais, heureux comme un roi, et bientôt me voici arrivé à Hausen, — deux maisons en tout, dont l'une est une auberge, l'autre la gare du chemin de fer.

Je m'assieds dans le jardin de l'auberge, et me fais servir un verre de vin rouge du pays. Et là je reste assis jusqu'à l'arrivée du train. Le soir descend et se propage, le calme d'alentour grandit de plus en plus. En face de moi s'élève la haute muraille calcaire des montagnes, plantée de bois çà et là, qui m'apparaissent comme des taches de mousse verte. Dans la maison, derrière moi, j'entends deux voix qui causent longuement, l'homme et la femme, s'entretenant de ce qui constitue leur vie, à eux. Et ces voix tranquilles et lentes me causent un saisissement singulier : c'est comme si leur tranquillité voulait se mettre en harmonie avec le grand silence de la vallée. Et les voix continuent d'alterner, lentes et pour moi indistinctes, et il me semble par instants que j'entends la causerie du soir de deux rochers du Danube.

La nuit était venue tout à fait, lorsque j'arrivai à Sigmaringen. Je me promenai un peu dans la ville obscure. Les réverbères des rues n'étaient pas encore allumés, et seules des fenêtres, çà et là, projetaient autour de moi une faible lumière. Mais soudain d'une villa blanche, au fond d'un jardin enténébré, j'entendis jaillir dans la nuit le chant d'une voix de femme, plaintive et passionnée : et de toute mon âme j'avais l'impression que c'était là vraiment l'appel exalté de notre vie humaine, réclamant du destin sa ration de bonheur.

CHAPITRE IV

SUR LE CHEMIN DE L'ITALIE

I

Et puis mon voyage se poursuivit vers le sud,
vers l'Italie.

De Sigmaringen, le chemin qui mène en Italie
passe par la Suisse, par Constance, Zurich, Lucerne,
le Saint-Gothard. C'est l'ancienne route que sui-
vaient les armées des Germains pour se rendre dans le
pays des Welches, l'antique chemin des invasions
et des pélerinages.

Quelques heures après avoir quitté Sigmaringen,
je me trouvais déjà sur les bords du lac de Constance, à Radolfzell. Un petit vent tout méridional
me fouettait le visage. Le long de la rive du lac,
j'apercevais de petits lavoirs où étincelaient au soleil
des chemises blanches et des mouchoirs de toutes
couleurs, pendant que sur les eaux du lac, d'un bleu

profond. glissaient de lourdes barques avec de grandes voiles d'un brun rouge.

Profitant d'un assez long arrêt à Radolfzell, je sors de la gare et vais me promener par les rues de la ville. Petite et modeste, celle-ci niche là dans une tranquillité toute rustique, parfumée de l'odeur des foins. Dans de verts jardins fruitiers, sous des pommiers qui achèvent à peine leur floraison, de calmes groupes sont attablés devant des tasses de café au lait, dames aux cheveux blanchis sous des bonnets blancs et fraîches jeunes filles qui, se détournant de la table, jettent des regards rêveurs par-dessus la haie du jardin, vers l'endroit où passe la route qui conduit au loin, dans le vaste monde. Et tout cela a une apparence si intime et si accueillante que le promeneur étranger se sent vivement saisi d'une tentation de sauter par-dessus la haie du jardin pour aller s'asseoir, lui aussi. près de ces dames buvant leur café, et pour écouter les menus commérages de Radolfzell.

Je dois ajouter que cette petite ville possède deux curiosités, la villa du poète allemand Scheffel et le buste de celui-ci. Buste ni villa, en vérité, n'ont rien de très curieux, ce qui ne m'a pas empêché de les saluer avec un plaisir mêlé de recueille-

ment. Car en ce même endroit où je me trouve
à présent, et où a demeuré et chanté le poète
Scheffel, c'est ici que s'est élevé autrefois ce couvent où la duchesse de Souabe, un matin, a pénétré à cheval, et d'où, le soir, elle a emmené avec
soi, vers son *burg* solitaire de Hohentwiel, le jeune
moine Ekkehard, afin qu'il lui servit de maître
dans l'étude de la langue de Virgile.

Et là-haut, dominant les eaux bleues du lac de
Constance, là-haut brille la cime neigeuse de ce
mont Säntis où Ekkehard, dans la solitude de la
montagne, a pleuré son malheureux amour pour
la belle dame Hedwige, et a composé la chanson de
Waltari, et d'où il est ensuite descendu en homme
à qui les montagnes avaient, désormais, enseigné
le sérieux de la vie.

Je m'asseois sur le banc, au pied du buste en
bronze de Scheffel, sous l'ombrage des tilleuls de
la villa du poète. Tout au loin, je vois briller le
Säntis, et je sais que je n'aurai pas le loisir de
m'élever jusqu'à lui. Et cependant cette montagne
a joué un grand rôle dans ma vie, et il y a eu jadis,
au cours de mes années de jeunesse, des moments
où je me suis levé précipitamment de ma chaise,
et ai appuyé mes deux mains contre le plafond bas

de ma petite soupente d'étudiant, et où une voix
a crié en moi : « Säntis ! Säntis ! Oh ! l'air de la
montagne, la solitude, le parfum des herbes sauvages ! »

Or, voici que je me trouve aujourd'hui tout proche
de toi, ô Säntis, plus proche que je ne l'ai jamais
été encore ni peut-être je ne le serai jamais ! Mais
le fait est que pas une fois, tous ces temps derniers, je n'ai pensé à toi, jusqu'à l'instant où ta
cime brillante m'est apparue par-dessus le bleu
du lac de Constance, réveillant en moi un être que
je croyais mort et enterré depuis bien des années,
un jeune rêveur mélancolique, dont l'âme aspirait
avec amertume vers la solitude et les hautes montagnes !

Après cela sont venus pour moi la vie d'artiste
et la pose « décadente », et le « mal à l'âme »
et la recherche de l'originalité, et les parfums et
les liqueurs, jusqu'au jour où, vraiment, je n'ai
plus été en état de reconnaître la nuit du jour, ni
Dieu de l'Esprit du mal, et où mon âme est devenue infiniment lasse, mon esprit cruellement
inquiet, et où ma volonté, d'une façon maladive,
n'a plus aspiré qu'au repos ; et alors, pareil à un
homme qui jamais n'a été admis à respirer le véri-

table air des montagnes dans sa vie intérieure, j'ai maudit et rejeté le monde, qui m'est apparu désormais comme une grande cité puante, pleine d'ordures dans toutes ses rues.

Et c'est à cause de cela qu'il m'arrive aujourd'hui, ô Säntis, de passer dans ton voisinage, au long de ma route !

Et bientôt je prends congé de la cité d'Ekkehard, et, par la fenêtre du train qui me conduit vers Constance, je vois étinceler la cime du Säntis comme un puissant nuage neigeux, rougeoyant sous le soleil du soir. Adieu, mont Säntis que mes pieds ne graviront jamais, adieu !

Le soir du même jour, je suis attablé à Constance, dans un jardin au bord du lac, où il y a un concert. Sous une allée de tilleuls, des officiers font la cour à des dames en robes claires, des parodies de gondoles rament sur le lac aux eaux frissonnantes. Et moi je reste assis, seul, et dominant tout cela de mon regard, je reste assis devant un flacon de vin rouge de Meersebourg, et je rêve à un mot de Scheffel qui m'est revenu à l'esprit, et suivant lequel une cruche de grès remplie de vieux vin contient en soi plus de sagesse que bien des volumineux produits de notre science humaine.

Cela est-il vrai ? je n'arrive pas à le savoir. Mais ensuite, le soir, dans la solitude de ma chambre d'hôtel, ma pensée se transporte de nouveau dans les temps anciens, dans les temps où l'Hôtel-de-ville de Constance était un couvent de Dominicains, et où parmi les murs de ce couvent vivait un certain moine appelé Henri Suso, mais béatifié par l'Église après sa mort sous le nom d'Amand, et qui, lui-même, aimait à s'appeler simplement : **un serviteur de l'éternelle Sagesse.**

Mon Dieu, qui donc ne voudrait pas se consacrer au service d'une aussi belle maîtresse ? Mais combien existe-t-il d'hommes, à présent, qui tout en croyant savoir le chemin du palais de la Sagesse, ont le courage de suivre ce chemin, et de diriger leur vie d'après leur croyance ? Henri Suso, lui, le serviteur de l'éternelle Sagesse, il a eu ce courage.

Lui-même nous le raconte dans un livre que je tiens ouvert devant moi, sur ma table, tristement éclairée de deux bougies vacillantes, parmi la solitude de ma chambre d'hôtel.

C'est un livre que j'ai acheté à Munich, par un jour de pluie, tandis que j'errais d'un pas désolé au hasard des rues de la ville, ou encore le long de ce fleuve jaune qui écume, là-bas, comme un flot de bière coulant du tonneau. J'ai acheté ce petit livre à Munich, chez un vieux bouquiniste en veste de velours, dont les petits yeux regardaient avec méfiance par-dessus des lunettes dorées. Je me rappelle encore sa réponse sarcastique lorsque, ayant pénétré dans son échoppe, je lui ai demandé s'il n'avait pas une édition d'Eckard, du vieux maître Eckard:

— Jeune homme, si vous désirez lire maître Eckard, il faudra que vous alliez à Bibliothèque ! Celui-là est un homme qui vaut plus que son pesant d'or !

Après quoi mon bouquiniste a paru vouloir se plonger de nouveau dans son journal catholique, sans faire la moindre attention à ma présence. Et c'est à grand'peine que j'ai pu obtenir de lui ce volume de Suso, un belle édition de 1829 avec une préface de Gœrres. Plus tard, j'ai découvert qu'une petite porte conduisait de l'échoppe de mon bouquiniste sur la place Notre-Dame, une petite porte de derrière par laquelle le vieillard, chaque matin, se rendait à la messe dans l'église Notre-Dame, et par laquelle aussi les prêtres de l'église pénétraient chez lui, pour s'entretenir tout à l'aise avec lui, dans son arrière-boutique, du

« bienheureux » Henri Suso et de maître Eckard.

C'est donc ce petit livre que j'ai ouvert, ce soir, et j'y ai trouvé ce discours, adressé par la Sagesse éternelle à son serviteur :

« Commence d'abord par rompre avec ton goût pour les déréglements de ta vue et les jouissances sensuelles de tes oreilles ! Fais en sorte que tu prennes plaisir et amour à ce qui, jusqu'alors, te déplaisait ! Renonce, par attachement pour moi, au souci délicat de ton corps ! En moi seule, cherche désormais tout ton repos, apprends à souffrir volontiers le mal qui te vient du dehors, à endurer l'injure, à sacrifier tes désirs, et à éteindre en toi tous tes penchants corporels ! En cela consistent les premières leçons de l'école de la Sagesse, ainsi que tu peux le lire dans le livre, tout grand ouvert, de mon corps crucifié ! »

Oui, Henri Suso, ce sont bien là les premières leçons, et je sais aussi ce qu'ont été pour toi les dernières ! J'ai lu l'histoire du cilice rugueux que tu as porté sur ton corps jour et nuit, pendant seize ans, et l'histoire des bêtes qui s'agitaient sur ta chair, ne te laissant de repos ni le jour ni la nuit, et te donnant la sensation d'être sans cesse couché au milieu d'une cité de fourmis ; et j'ai lu aussi l'histoire des gants de cuir que tu t'es fait faire, avec de longues pointes de cuivre, pour t'empêcher, pendant tes rares instants de sommeil, d'arracher ce cilice qui te torturait : et ainsi, au lieu de l'arracher, tu n'arrivais qu'à te déchirer les chairs, avec ces crocs de métal, comme si un ours avait promené ses griffes sur toi. Et tu as prolongé ce manège pendant seize années, jusqu'au jour où, suivant ton expression, tes veines se sont trouvées refroidies, et ta nature dévastée ; et alors, pendant une certaine fête de la Pentecôte, un messager céleste s'est révélé à toi, et t'a annoncé que Dieu, désormais, n'exigeait plus de toi la continuation de cette pénitence. Sur quoi tu t'es mis à courir, et as précipité dans l'eau d'un torrent tous ces instruments de torture dont tu t'étais recouvert !

Henri Suso, bienheureux Amand, la sagesse que j'ai puisée dans ma cruche de vin fait si bien que je ne ressens aucun mauvais vouloir contre toi ! Sans compter que, dans ma propre expérience, je connais des martyrs, moi aussi, quoique d'un aspect différent : des martyrs de la débauche, qui, en vérité, ne portent point de cilice, mais bien de douloureux bandages, et chez qui

une vermine d'un autre aspect fourmille au moins
aussi abondante que jadis chez toi ; et leur corps
est lacéré par les griffes de fer de la luxure, et
ceux-là ne sont point les serviteurs de la Sagesse,
mais de la Folie.

Et certes, bienheureux Suso, ce n'est pas à eux
qu'arrivera jamais ce qui t'est arrivé un soir, une
certaine veille de la fête de sainte Agnès, et que
toi-même nous racontes en ces termes, ô serviteur de l'éternelle Sagesse :

« Un soir, la veille de la sainte Agnès, il arriva
un jour que je pénétrai dans le chœur. J'étais
seul, et m'étais installé sur l'un des bancs les plus
bas, à la droite du chœur. Dans ce même temps,
j'éprouvais tout particulièrement l'aiguillon des
cruelles souffrances qui me déchiraient. Et tandis
que je me tenais là tout misérable, sans personne
près de moi, voici que mon âme fut ravie, sans
que je pusse savoir si c'était dans mon corps ou en
dehors de lui, et voici que je vis et entendis ce
qui ne saurait être exprimé dans aucune langue !

« Cela était sans forme ni espèce, et cependant
avait en soi des jouissances de toute forme et de
toute espèce ; et mon cœur était plein d'aspirations
et cependant satisfait ; mon âme était gaie et épa-

nouie ; mes désirs s'étaient calmés ou avaient disparu de moi.

« Et je ne faisais rien ni ne pouvais rien faire que de contempler la splendeur merveilleuse où je trouvais l'oubli de moi-même et de toutes choses. Etait-ce le jour ou la nuit, je n'en sais rien ! Toute la douceur infinie de la vie éternelle avait pénétré au fond de mon âme ! »

Voilà ce qui est arrivé à ce martyr du renoncement, le bienheureux Suso. Mais vous, ô martyrs de la débauche, qui donc d'entre vous, qui donc d'entre nous, pourrait se vanter qu'il lui fût arrivé quelque chose de pareil ?

Le lendemain matin le soleil brillait joyeusement, et j'avais déjà tout oublié de mes pensées du
soir précédent. Maintes fois, au reste, j'ai observé
ce curieux contraste entre le soir et le matin : c'est
vraiment comme si ce dernier, avec sa lumière
vive et nette, effaçait tout ce qui a poussé dans
l'air plus dense du crépuscule et de la nuit, et qui
a rempli les ténèbres de l'âme. Le matin est la
vérité toute claire, tandis que le soir est un magi-
cien plein de mensonge ; et chacun devrait prendre
à tâche de ne vivre jamais que d'après la sagesse
de ses matinées.

Le soleil brillait. Je me tenais sur le pont du
Rhin, et considérais, à mes pieds, le torrent du
fleuve. L'eau du Rhin est verte, et, dans ses profondeurs laiteuses, on voit scintiller comme des
écailles d'or.

Et puis je m'embarquai sur le lac de Constance.

Lorsqu'on regarde ce lac, du rivage, il est d'un

bleu étincelant ; mais lorsqu'on navigue sur lui, ses eaux deviennent d'un vert d'absinthe, comme celles du Rhin, tandis que le jeu des vagues sur les pierres du rivage produit de singuliers reflets d'arc-en-ciel.

Je m'étais assis sur le pont du bateau à vapeur, sous une tente ensoleillée ; et autour de moi le monde rayonnait de lumière estivale, et d'heureux visages de voyageurs m'entouraient. Je songeai à Gœthe, qui, un jour, avait navigué sur ces mêmes flots ; mais bientôt, étrangement ravi et comme enivré, je concentrai tout mon attention à contempler le lac, qui maintenant était devenu tout à fait argenté, avec de faibles crêtes de vagues d'une nuance violette. De grandes et lourdes barques de pêcheurs glissaient lentement près de nous, avec leurs rouges voiles latines. Et l'horizon était noyé à la fois de brume matinale et de buée solaire : les rebords des forêts, dans le bas, les hautes cimes alpestres au-delà, et, à l'extrémité de l'horizon, la surface infinie du lac, où la fumée d'un paquebot se dissipait rapidement parmi l'éclatante lumière.

Assis sur le pont, je me laissai aller à causer avec un voyageur qui, très assidûment, étudiait son Guide et ne relevait les yeux que pour constater qu'il se trouvait bien dans tel ou tel endroit où son livre lui annonçait qu'il se trouverait. **Je réussis à lui persuader de fermer son livre, nous bûmes un flacon de vin, nous déjeunâmes ensemble, et, pendant que le monde passait et disparaissait autour de nous comme un royaume de féerie, nous poursuivions un entretien cosmopolite et banal, sans toucher le moins du monde à notre vie intime, et avec la certitude de ne jamais plus nous revoir, sitôt séparés.**

Et puis, nous arrivâmes à Überlingen, et je descendis du bateau.

Überlingen m'avait été recommandé par un habitant de Rothenbourg, l'excellent vieux photographe Herbert, qui aimait l'art gothique par-dessus tout au monde, et dont l'idéal de beauté était la *Vierge* sculptée par Veit Stoss dans une église de Heilbronn. Mais par des heures aveuglantes et brûlantes de plein été, comme celles de mon arrêt à Überlingen, je dois avouer que rien, dans cette petite ville, ne me parut aussi digne de mon amour qu'une vénérable allée couverte de châtaigniers, à l'ombre de laquelle j'apercevais devant moi le lac étincelant; et de grandes barques passaient, conduites par des groupes de trois rameurs, et l'eau bleue devenait d'un vert brillant dans le sillage des barques.

Et puis je remontai sur le bateau à vapeur, et me fis débarquer, cette fois, dans l'île de Mainau, que Baedecker appelle « la Perle du lac de Constance ».

Mainau est une petite île appartenant à je ne sais quel prince, et toute remplie de jardins verdoyants et de chants d'oiseaux. La promenade sur ses terrasses abandonnées et le long de ses allées produit une impression toute semblable à celle de nos belles ruines danoises de Gurre. Par cet après-midi d'été, notamment, un calme merveilleux est répandu sur Mainau, un calme si parfait que c'est à peine si l'on a conscience du voisinage des vastes étendues de terre ferme dont l'île est entourée de tous côtés. Pas un murmure de vagues, pas un souffle de vent. Rien qu'un merle qui siffle, des mouches qui bourdonnent. et la fuite silencieuse des eaux du lac, au pied de l'île. Et involontairement l'on se sent envahi de rêves doux et calmes, sous les vieux chênes, tandis que des canards sauvages flottent lentement parmi les roseaux, et que de beaux poissons rayés viennent nager tout contre la rive. C'est vraiment comme si l'on était tenté d'oublier à jamais son âme, en cet endroit.

Mais le bateau revient, et me ramène à Constance. Et, dès le lendemain matin, je reprends mon voyage à travers la Suisse.

C'est dimanche. Nous longeons le Rhin, passant entre des vignobles montueux et des jardins fruitiers. Une douce odeur de foin arrive jusqu'à moi, par les fenêtres du wagon ; et à chaque arrêt du train j'entends bruire le vent dans les feuilles des arbres. Et partout je vois flotter le drapeau suisse, rouge et blanc.

Dans une certaine gare, le train s'arrête plus longtemps, pour nous permettre de nous rafraîchir. C'est là que nous échangeons notre monnaie allemande contre des pièces suisses, voire françaises et grecques. Nous sommes désormais dans un pays de l'Union Latine.

Et puis, de nouveau, je remonte en wagon et le train repart. De tous côtés, il me semble apercevoir des figures familières, aperçues déjà dans « le *Jeune Henri* » de Gottfried Keller. Voici la robuste Judith dans l'ombre de sa tonnelle, avec sa poitrine plantureuse librement déployée ; et, là-bas, c'est

Anna qui s'avance, toute mince et frêle, et soigneu-
sement endimanchée, gravissant la colline verte
dans sa fraîche robe blanche !...

Et voici Zurich, une grande ville imprégnée de
soleil ! Tous les hommes qui passent dans les rues
me semblent avoir des mines de poètes. Le lac
brille, teinté de vert, entre les montagnes bleues.
Des enfants se baignent, des barques dansent sur
l'eau, avec des voiles blanches. Et déjà bien des
personnes à qui j'adresse la parole en allemand
me répondent en français.

En route de nouveau, cette fois vers Lucerne.
Des lacs et des montagnes bleues, et le wagon tout
rempli de femmes de haute taille, avec maints
hommes s'empressant à leur faire la cour. Elles
ne sont point belles, à coup sûr ; mais leurs yeux
ont un rire à la fois espiègle et charmant.

Lucerne, le soir. Claire et brillante coule la
Reuss, reflétant les tours et clochers de la ville.
Un orage s'apprête au-dessus de la pointe du mont
Pilate, et bientôt se déchaîne violemment sur la
ville. La grande terrasse, devant mon hôtel, se
trouve tout à coup inondée de pluie. La soirée est
sombre et chaude, le tonnerre gronde parmi les
montagnes.

Et pendant toute la nuit la Reuss ne se relâche point de bruire sous mes fenêtres. Aux premiers rayons de l'aube, en même temps que les oiseaux commencent leur pépiage matinal, j'entends retentir des trompettes, dans une caserne voisine.

Je me remets en route de très bonne heure. La ville est encore à peine éveillée. Très haut au-dessus de moi se dresse le mont Pilate, enveloppé de nuages.

Nous longeons maintenant le lac des Quatre-Cantons, dont les eaux frémissantes ont une beauté merveilleuse. Toujours plus haut, autour de moi, s'élèvent les montagnes, de tous côtés. Elles aussi sont entourées de nuages, mais je vois briller sur leurs cimes les champs de neige éternels.

Et toujours plus profondément la voie plonge au cœur des Alpes, et toujours nous longeons la Reuss brillante, qui semble s'enfuir devant l'approche du train. Et les tunnels succèdent aux tunnels, et nous montons, nous montons. Très profondément au-dessous de nous, désormais, nous découvrons les rails sur lesquels nous avons passé, il n'y a qu'un quart d'heure. Plus haut, toujours plus haut !

Et toujours aussi la solitude s'accroît, autour de

nous. Seul, un châlet se dresse entre des sapins, au bord d'un torrent écumant, tout à fait comme ceux que me montraient jadis d'inoubliables chromolithographies de mon enfance, là-bas en Danemarck. Des chèvres broutent çà et là. On croirait voir un décor pour *le Petit Pâtre*, la pièce de notre Œhlenschlaeger.

Et voici le long arrêt de Gœschenen, pour le repas de midi! Tous les voyageurs se restaurent et reprennent des forces, avant l'épreuve du grand passage à travers la montagne.

Après quoi le train se remet en marche. « Direction de Luino-Chiasso-Milan! » crie le conducteur le long des wagons; et son cri me produit l'effet d'une fanfare triomphale. Et c'est avec ce cri dans les oreilles que je m'enfonce au plus profond du tunnel.

Une fenêtre est restée ouverte, dans le long wagon : quel fracas nous arrive d'elle! c'est comme si nous passions sur une cataracte, et dont les flots seraient de métal. Sans arrêt, le fracas se prolonge, et l'étrange impression d'une chute dans un gouffre.

Quelle énorme masse de rochers, que celle que nous traversons ainsi! Au dehors, dans les ténèbres, scintillent une longue série de lanternes, d'une

lueur rouge et vacillante, et sur les vitres de ces
lanternes je lis des indications kilométriques.
Quelles effrayantes cimes doivent s'élever là haut,
au-dessus de nos têtes! Et nous allons, nous allons
toujours...

Une chaleur étouffante envahit le wagon. Une
fumée y pénètre qui me prend à la gorge, une fumée
où se mêlent l'odeur du charbon et celle de la suie.
Je suis entièrement seul, dans la longue voiture.
Mais comme cette fumée est chaude, et étouffante,
et lourde! C'est à présent comme si le train était
entouré de flammes. Je me penche à la fenêtre:
la profonde obscurité n'est remplie que d'une
fumée rouge avec, par instants, un éclat d'étincelles.

Et les minutes passent, lentes, interminables.

Mais voici que, soudain, une lumière bleue
transparaît confusément au delà des parois humides
du tunnel, et, quelques secondes plus tard, voici
enfin que le train se glisse au dehors du terrible
Saint-Gothard, et descend brusquement dans une
lumière qui aveugle et qui brûle; et voici que je
me trouve dans le pays d'au delà des Alpes, et
cette terre ensoleillée qui m'entoure est le bienheureux sol italien!

A peine si l'on se ressent de la forte chaleur du jour. Aux petites gares, déjà ornées de noms italiens, des hommes montent dans mon wagon, dont la langue, du moins à ce qu'il me semble, est le pur latin de Virgile et d'Horace. Avec une véritable stupeur, j'entends sortir des lèvres vivantes des mots que je n'ai connus, jusqu'ici, que par la Grammaire de Madvig ; *Cognosco, agnosco*, et une foule d'autres !

Et pendant que le train s'est arrêté dans une petite gare appelée du nom harmonieux d'*Isola del Cantone*, mes yeux se promènent autour de moi en quête des cîmes neigeuses déjà laissées derrière nous, en quête des derniers glaciers, qui reculent de plus en plus à notre horizon. Ce pays qui s'étend là-bas, derrière ce grand mur de pierre aux crêtes de glace, c'est l'Allemagne, la vaste et vénérable Allemagne qui va de Passau à Nassau, de Ratisbonne à Strasbourg, de Brême à Constance, l'Allemagne toute pleine de bière et de vin, de parfum de tilleul et de chants populaires, et de saucisses et de tavernes, mais aussi d'art et de foi, et de beaux lacs et de villes merveilleuses. Maintenant tout cela disparaît et s'efface derrière moi, mes jours allemands se dissipent à mesure que s'éloignent les blanches crêtes des Alpes.

Et moi, tout écrasé de l'ardente chaleur, tout troublé de ce son d'une langue inconnue, voici que, pendant que mon train s'élance vers Milan, longeant le Tessin qui se précipite sous nos pieds comme un flot d'argent en ébullition, voici que de mon cœur jaillissent un salut et un adieu à ces montagnes qui viennent d'achever, tout d'un coup, la longue suite de mes jours allemands !

LA GRAND'PLACE D'ASSISE

(avec le temple de Minerve).

DEUXIÈME PARTIE
UNE CHRONIQUE OMBRIENNE

———

I

Il y avait une fois un jeune homme qui s'en était allé hors de son pays, laissant derrière soi une maison écroulée et un monde détruit. Il avait eu à traverser récemment maintes épreuves très dures, et maints hommes l'avaient persécuté, mais d'autres l'avaient pris en pitié et avaient pansé ses blessures. Et il s'était conservé en vie par l'effet d'un certain pouvoir secret, d'une certaine assistance mystérieuse qui avait jailli du profond de son âme, mais sans qu'il pût savoir si ce ressort inexplicable résultait d'un endurcissement de son être intime, ou bien s'il devait y voir une grâce de Dieu.

Donc, cet homme s'en était allé hors de son pays, et, dans le pays nouveau où il était venu, les « Welches » qui habitaient ce pays ne le connaissaient que sous le nom de Giovanni.

Et il y avait là un autre homme qui était venu jadis du même pays, un homme appelé Francesco. Celui-là demeurait dans la ville qui est aujourd'hui fameuse pour avoir été la patrie de saint François, et dont la sainteté rayonne sur toute l'Ombrie. C'est la ville qui étincelle sur une montagne, et dont nul effort ne saurait éteindre la lumière.

Francesco était venu dans cette ville par dévotion pour son saint patron. Il s'était logé au cœur même de l'ancienne cité, et, du matin au soir, se montrait plein de zèle au service de Dieu, qui remplit le monde de ses miracles par l'entremise de ses Saints.

Or, l'étranger que les Welches appelaient Giovanni vint également dans cette ville d'Assise.

Et, bien que le Tout-Puissant l'eût durement frappé de sa main droite, le cœur du jeune étranger n'avait pas pu encore se rassasier du monde. Mais, au contraire, il y avait en lui une espérance secrète, et un rêve confus, et un profond désir d'être admis, un jour, à étreindre le plus pur bonheur de la vie.

Malheureusement cet étranger avait dépensé et

gaspillé, dans son pays, une grosse part de la petite provision de biens qu'il possédait; et en tous lieux où ensuite il était allé, toujours il avait cherché son bien-être. Et lorsque le printemps avait passé et que l'été se trouvait avancé jusqu'au jour de la sainte Anne, voici que ce voyageur étranger eut à souffrir de la faim !

Et voici qu'ayant franchi la plaine qui s'étend entre Pérouse et Assise, il vint frapper à la porte du couvent des moines bruns demeurant auprès de cette église de Saint-François qui jadis s'appelait la Portioncule, mais s'appelle maintenant Sainte-Marie-des-Anges !

Et il arriva que Francesco, qui était sorti de la ville de son saint pour venir prier à Sainte-Marie-des-Anges, trouva Giovanni, pauvre et nu, devant la porte du couvent. Et il le prit avec soi dans sa maison, et lui donna son manteau, car le soir tombait, et le temps devenait frais.

Et Giovanni demeura jusqu'à l'automne dans la maison de Francesco.

II

Le soir, les deux hommes remontèrent le chemin qui conduit vers la ville d'Assise. Autour d'eux le crépuscule s'étendait, et les cigales chantaient dans les ormes noirs, autour desquels s'enroulaient les sarments de vigne. Et très loin au delà de l'obscure vallée brillaient faiblement les lumières des maisons de Pérouse. Mais à Assise rien d'autre ne brillait qu'une seule fenêtre dans le couvent de Saint-François, où un moine continuait à rester assis devant sa table, travaillant.

Et bientôt, quittant la route trop lente, les deux promeneurs commencèrent à gravir un étroit escalier de pierre qui grimpait devant eux, resserré entre des murs ou des pans de roches. Cet escalier était très raide et très haut, et, lorsque Giovanni releva la tête, il lui sembla que les marches conduisaient tout droit jusqu'au ciel, qui lui apparaissait, ce soir-là, illuminé d'innombrables étoiles.

— Nous montons là tout droit au ciel ! — dit-il à son compagnon, en se tournant vers lui.

— Mais oui ! répondit en souriant son compagnon. C'est vraiment le chemin qui conduit au royaume céleste !

Lorsque Giovanni se réveilla, le lendemain matin, il savait à peine où il était. Car, à travers la fenêtre de sa chambre, restée grande ouverte, son regard apercevait quelque chose qui, au premier coup d'œil, lui semblait être la mer, une immensité bleuâtre s'étendant à l'infini jusqu'à la limite de l'horizon. Et Giovanni eut un moment l'idée qu'un ange l'avait ramené, tout d'un coup, vers la belle mer Tyrrhénienne, dont il avait quitté les rives ensoleillées quelques semaines auparavant.

Mais bientôt Francesco frappa à la porte et entra dans la chambre avec un joyeux salut matinal. Il avait la mine toute fraîche et gaie, et s'accouda à la fenêtre pendant que son hôte et nouvel ami s'habillait.

— D'où vient donc, lui demanda Giovanni, que je voie la mer d'ici, par la fenêtre?

— Ce que tu vois n'est point la mer, répondit

LA VALLÉE OMBRIENNE,
vue d'Assise.

Francesco, mais une plaine sans fin, toute plantée d'oliviers d'un gris vert, et toute voilée à cette heure de la buée du matin. Dans un moment, tu découvriras là-bas, au loin, la chaîne bleue des montagnes !

Et bientôt Giovanni eut achevé de s'habiller, et **es deux hommes** sortirent ensemble de la maison.

IV

Ils descendirent la rue principale d'Assise, car leur projet était de visiter la sainte et magnifique église de Saint-François.

Et bientôt ils erraient à loisir entre ces murs et sous ces voûtes que le charmant Simone Memmi, le majestueux Cimabue, et le grand peintre des âmes, Giotto, ont ornés avec une abondance sans pareille, en l'honneur de Dieu et de son saint. Maintenant leurs yeux admiraient la sublime *Vierge* que Cimabue a revêtue du merveilleux éclat doré de ses couleurs, afin que le plaisir que nous prenons à la regarder éveille en nous plus de tendresse et de dévotion. Et puis ils considéraient la *Descente de Croix* de Giotto, où sainte Marguerite baise ardemment les pieds sacrés qu'elle a naguère enduits de parfums, mais qui portent aujourd'hui la trace des clous ensanglantés que l'on vient d'en extraire. Ou bien encore ils se tenaient arrêtés devant la pure *Vierge* de Lorenzetti, portant sur

LA BASILIQUE DE SAINT FRANÇOIS, A ASSISE

L'église supérieure avec les fresques de Giotto.

son bras le Divin Enfant sur les traits duquel est empreinte déjà la toute-puissance du maître du monde : peinture qui jadis a ému un saint pape d'une admiration enthousiaste, ainsi que nous l'attestent de beaux vers latins.

Dans l'église supérieure, — car on sait que la basilique de Saint-François consiste en trois églises édifiées l'une sur l'autre, et dont la plus basse, la crypte, conserve les restes vénérables du saint, — dans l'église supérieure, donc, où aucune messe n'est plus désormais célébrée, parce que Garibaldi et sa troupe de brigands ont profané ce sanctuaire en y introduisant des femmes de mauvaise vie et des tables de cabaret, le jeune Giovanni, fraîchement arrivé à Assise, éleva un regard recueilli sur les belles voûtes où trône Jésus, tel que l'a peint la main de Cimabue, non moins puissant par la vigueur divine de son expression que par la douceur de ses traits pleins de grâce céleste. *Ave, Christe, Rex gloriæ*! lisait-il sur une inscription, au-dessus de la fresque. Oui, un tel Christ est bien véritablement un roi de gloire !

Et nombreuses furent les heures que les deux amis, — car c'est ainsi que nous devons désormais les nommer, — passèrent, depuis lors dans cette

grande église prodigieusement riche en peinture :
soit qu'ils examinassent les représentations rayon-
nantes de la vie et des actes des saints, les vitraux
aux couleurs merveilleuses, ou bien que, dans les
nombreuses chapelles, ils se réjouissent le cœur à
contempler la foule de peintures dont se trouvaient
décorées chaque paroi, chaque arche, chaque voûte.
Et surtout Giovanni, dont les yeux avaient un goût
naturel pour l'éclat et les vives lumières, surtout
il s'émerveillait de ces vitraux des fenêtres, qui
tantôt brillaient, sous le plein soleil de midi, comme
une mosaïque de pierres précieuses, et tantôt, aux
heures matinales, avaient des reflets mats comme
des plaques d'argent.

V

Et ainsi l'église de Saint-François devint un
véritable foyer pour l'étranger Giovanni, tout de
même qu'elle l'était devenue, depuis longtemps
déjà, pour son ami Francesco.

Sous ses voûtes pleines d'ombre, les deux amis
apportaient leurs livres, durant les chaudes jour-
nées d'été, et, assis sur un banc dans l'un des
transepts de l'église inférieure, ils se plongeaient
dans leur lecture. Ou bien encore Francesco, qui
s'entendait à manier le pinceau et le crayon, dessinait les contours d'une tête d'après l'une des
fresques, ou tâchait de reproduire à l'aquarelle
l'effet de couleur de l'une des figures.

Et tandis qu'ils travaillaient ainsi, chacun à sa
manière, dans la grande église fraîche, ils entendaient venir à eux, du chœur de l'église, les voix
montantes et descendantes des moines occupés à
célébrer leurs offices.

Les offices sont, comme l'on sait, l'ensemble des

prières que tout religieux est tenu de réciter tous les jours, lorsqu'après une période d'épreuves il a obtenu la dignité de « Père ». Ces offices empruntent la partie essentielle de leur contenu aux psaumes de David, qu'ils relient l'un à l'autre au moyen de petites prières appelées *antiennes*, et après chacun desquels ils répètent la formule invariable connue sous le nom de *doxologie*. Et cette partie essentielle des offices demeure la même durant toute l'année ; mais il y en a, aussi, une petite partie qui change d'après l'occasion des diverses fêtes mobiles et des commémoraisons de saints, se succédant de jour en jour.

Les offices sont récités en partie le soir et dans la nuit, en partie le matin. A la première partie appartiennent les Vêpres, les Complies, et les Matines ; à la seconde les Laudes, Prime, Tierce, Sexte et None.

La répartition de ces prières sur tous les moments du jour et de la nuit a pour objet de rappeler à l'homme la brièveté de la vie terrestre. Ainsi Prime symbolise l'enfance, Tierce la jeunesse, Sexte l'âge viril, None le temps où le poids des années commence à se faire sentir, les Vêpres le déclin de la vieillesse, et enfin les Complies, que l'on récite à la tombée de la nuit, sont destinées à signifier le terme fatal de la mort.

Et ainsi les offices constituent, pour les moines, la source d'une méditation incessante, et sans arrêt leurs âmes sont nourries de ces prières, dont la puissance expressive n'a jamais été dépassée par aucune poésie ni par aucun art, par rien de tout ce que l'humanité a pu découvrir pour élever son cœur au-dessus de la terre. Et si riches que soient les offices en raison de leur contenu foncier, toujours immuable, ils n'apparaissent pas moins divers et attachants en raison des modifications continuelles qui s'y produisent d'après les circonstances de l'année liturgique. Chaque grande fête a son office propre ; chaque saint important éveille de nouvelles prières dans le chœur des célébrants ; et il va sans dire que la Vierge a également son office propre. Et dans ces offices se trouvent introduits tous les trésors que possède l'Église, en fait d'hymnes et de chants religieux : le doux *Ave Maris Stella*, l'imposant *Vexilla Regis prodeunt*, le *Lauda Sion Salvatorem* plein de pensée pieuse, le rayonnant *Pange lingua*, le sombre et terrible *Dies iræ*, sillonné d'éclairs. Et de même qu'un torrent est, çà et là, brisé par des pierres,

de même le flot continu des psaumes et des chants
de louanges est coupé de temps à autre par la
prose des *leçons*, fragments petits ou grands tirés
du trésor des Saintes Écritures, et appropriés
à la fête ou au saint du jour. Et tout cela retentit
dans ce solennel latin du moyen âge, dont la sono-
rité païenne a été comme baptisée et consacrée dans
le sang du Christ, et qui, en conséquence, porte
justement le nom de « langue divine », destinée
désormais à servir de vase sacré pour recueillir en
soi la plus haute vérité.

Et aussi ne s'étonnera-t-on pas que souvent
Giovanni et Francesco aient eu l'impression comme
si l'image de Saint-François, sur l'une des fresques
devant leurs yeux, eût pris sa part de la récitation des offices. Plus d'une fois il leur sembla
percevoir très nettement que des sons vivants jail-
lissaient des vieilles peintures, en réponse aux versets qui leur arrivaient du chœur. Et à tous les deux
revint en l'esprit le souvenir de cet office merveilleux que saint François avait, un jour, récité en
compagnie du frère Léon, de ce frère Léon à
qui la douceur et pureté de son cœur avaient valu
d'être appelé par son maître « le petit agneau du
bon Dieu ».

Voici, en effet, ce que nous raconte à ce propos le neuvième chapitre des *Fioretti* :

1. Comme le saint père François, dans les premiers temps de l'ordre, se trouvait en compagnie du frère Léon, dans un certain petit couvent, où il ne possédait point de livre pour célébrer les offices, une certaine nuit, tous deux s'étant levés pour les matines, saint François dit à son compagnon :

2. « **Mon bien** cher enfant, voici que nous n'avons pas de bréviaire pour réciter les matines ! Mais, afin que nous employions cependant notre temps à la louange de Dieu, tu vas redire ce que je vais t'apprendre, et prends bien garde à ne pas y changer un seul mot !

3. « Et voici, d'abord, ce que je me dirai à moi-même : « O frère François, tu as commis tant de péchés, dans ta « vie séculière, que tu es digne d'aller en enfer ! » Et toi, frère Léon, tu me répondras : « Il est bien vrai que tu as « mérité l'enfer ! »

4. Et le frère Léon, âme toute pure, avec la simplicité d'une colombe, répondit : « Volontiers, mon père ! Commencez donc, au nom du Seigneur ! » Et saint François se mit à dire : « O frère François, tu as commis tant de péchés, en ce monde, que tu es digne de l'enfer ! »

5. Et le frère Léon répondit : « Dieu fera par ton entremise tant de choses bonnes que tu iras en paradis ! »

6. Sur quoi saint François s'écria : « Ce n'est pas ainsi qu'il faut me parler, frère Léon ! Mais quand je dirai : « O frère François, tu as commis tant d'iniquités contre « Dieu que tu mérites d'être maudit à jamais ! » tu auras soin de me répondre : « Oui, certes, tu es digne d'être

« compté parmi les maudits ! » Et le frère Léon dit : « Volontiers, mon père ! »

7. Alors saint François, avec bien des larmes et soupirs,
en se frappant la poitrine, s'écria très haut : « O Seigneur, Dieu du ciel et de la terre, j'ai commis contre toi
tant d'iniquités que je mérite d'être maudit pour l'éternité ! »

8. Et le frère Léon répondit : « Dieu te rendra tel que,
parmi les élus, tu seras béni tout particulièrement ! » Et
saint François, surpris de ce que son compagnon lui répondit tout au contraire de ce qu'il voulait, le lui reprocha en
disant : « Pourquoi donc, frère Léon, ne me réponds-tu
pas comme je te l'ordonne ?

9. « Au nom de la sainte obéissance, je t'enjoins de
me répondre exactement dans les termes que je vais te
prescrire !

10. « Donc, moi, d'abord, je dirai ceci : « O frère
« François, misérable créature, penses-tu donc que Dieu
« aura pitié de toi, alors que tu as commis tant de péchés,
« contre le Père des miséricordes et le Dieu de toute con-
« solation que tu es à jamais indigne d'obtenir miséri-
« corde ? »

11. « Et toi, petit frère, qui es comme un mouton, tu
répondras : « Assurément tu es pleinement indigne de trou-
« ver miséricorde ! » Et le frère Léon répondit : « Dieu le
Père, dont la miséricorde est infiniment plus grande que
ton péché, t'accordera une compensation extrême, et, en
plus, te comblera de ses grâces ! »

12. Sur quoi saint François s'irrita doucement, et se
troubla sans impatience ; et il dit : « Pourquoi donc, mon
frère, oses-tu aller contre l'obéissance, et ne cesses-tu pas
de me répondre le contraire de ce que je t'ordonne ? »

13. Et le frère Léon répondit avec révérence et très humblement, en disant : « Dieu sait, mon très cher père, que, chaque fois, j'ai eu l'intention de te parler selon ce que tu m'avais ordonné ; mais c'est Dieu qui m'a fait répondre suivant son bon plaisir, et non point suivant mon intention ! »

14. De quoi saint François fut grandement surpris, et il lui dit : « Mon très cher enfant, je te supplie de me dire, cette fois, lorsque je m'accuserai comme tout à l'heure, que je ne suis pas digne de miséricorde ! » Et toujours il imposait les mêmes réponses au frère Léon, parmi d'abondantes larmes.

15. Et le frère Léon répondit : « Dis encore, mon père, car, cette fois, je te promets de répondre comme tu l'auras voulu ! » Et saint François, s'écriant parmi ses larmes, se dit à soi-même : « O misérable François, crois-tu donc que Dieu voudra avoir pitié de toi ? »

16. A quoi le frère Léon répondit : « Mais oui, mon père, Dieu aura pitié de toi, et, de plus, tu recevras une grande grâce de Dieu, et il t'exaltera et te glorifiera dans l'éternité, *attendu que tout homme qui s'humiliera sera exalté !* Et moi, il m'est décidément impossible de te parler autrement, car c'est Dieu lui-même qui parle par ma bouche ! »

17. Et dans cette humble dispute, parmi des larmes pieuses et la consolation divine, les deux frères restèrent veillant jusqu'à l'aurore. A la louange et gloire de Notre-Seigneur Jésus-Christ. *Amen.*

De ce récit des *Fioretti*, la pensée des deux amis allait à d'autres incidents, non moins merveilleux, de la vie de saint François, également rapportés par l'adorable chroniqueur italien. Ils se rappelaient le discours prêché par le saint aux oiseaux, et le pacte conclu solennellement par lui avec ce loup féroce de Gubbio qui ravissait tous les agneaux de la ville, mais que les paroles de saint François avaient amené à s'amender entièrement, pour vivre désormais en paix et amitié parfaites avec les habitants de Gubbio.

Ils revoyaient les figures des premiers disciples du saint : le frère Léon, « petit agneau de Dieu » ; le frère Genièvre, dont l'ingénuité se mêlait volontiers d'un grain de malice, et ce frère Egide qui, en réponse aux objections d'un certain moine dominicain touchant la virginité immaculée de Marie, s'était écrié : « Cher frère prêcheur, je te dis que Marie a été vierge avant la naissance de son Fils, et vierge pendant cette naissance, et vierge après cette naissance ! » Et, à chacune de ses affirmations, le frère Egide avait frappé vivement le sol de son bâton ; et trois lys blancs avaient jailli du sol, pour confirmer les paroles du saint frère.

Et Francesco et Giovanni se rappelaient encore ce merveilleux voyage de Pérouse à Assise, pendant lequel saint François avait fait oublier au frère Léon et la longueur du chemin et le mauvais temps, en lui développant la conception qu'il se faisait de la « joie parfaite » :

1. Un certain jour d'hiver, saint François se rendait de Pérouse à Sainte-Marie-des-Anges ; et le frère Léon allait avec lui, et le froid les affligeait très cruellement.

2. Or, saint François appela le frère Léon, qui marchait un peu en avant de lui, et lui dit : « O mon frère Léon, si même les frères donnaient un grand exemple de sainteté, et d'honnêteté, et de bonne édification, cependant inscris ceci sur tes tablettes, c'est-à-dire note-le avec grand soin : ce n'est pas en cela que consisterait la joie parfaite ! »

3. Et puis, après avoir fait quelques pas, il le rappela de nouveau, et lui dit : « O mon frère Léon, quand bien même un frère mineur rendrait la vue aux aveugles, remettrait sur pied les paralytiques, chasserait les démons, rendrait l'ouïe aux sourds, la marche aux boiteux, et la parole aux muets, ressusciterait un homme mort depuis quatre jours, mets-toi bien par écrit que ce n'est pas en cela que consiste la joie parfaite ! »

4. Puis l'ayant appelé de nouveau, il lui dit : « O mon frère Léon, quand bien même un frère mineur connaîtrait la langue de toutes les nations, et toutes les sciences et écritures, quand bien même il saurait prophétiser et révéler non seulement les choses futures mais encore les secrets des consciences et des âmes, inscris-toi bien que ce n'est pas là que se trouve la joie parfaite ! »

5. Puis, après qu'ils eurent encore marché un peu, il le

rappela, une fois de plus : « O mon frère Léon, petite bête du bon Dieu, quand bien même le frère mineur parlerait la langue des anges, et connaîtrait le cours des astres et les vertus des herbes, et posséderait la révélation des trésors enfouis en terre,

6. « et si même il comprenait les vertus et propriétés des oiseaux et poissons, des animaux, des hommes, des racines, des arbres, des pierres et des eaux, note bien et n'oublie pas que la joie parfaite n'est pas encore dans tout cela ! »

7. Puis, au bout de quelques instants, il l'appela encore : « O mon frère Léon, quand même le frère mineur saurait prêcher si éloquemment qu'il convertirait à la foi tous les infidèles, aie soin de mettre par écrit que ce n'est pas encore en cela que réside la joie parfaite ! »

8. Et ainsi cette manière de parler se prolongea bien pendant deux milles. Or, le frère Léon, extrêmement étonné de tout cela, dit enfin : « Mais, mon père, je t'en prie pour l'amour de Dieu, dis-moi donc où se trouve la joie parfaite ? »

9. A quoi le saint répondit en disant : « Tout à l'heure, lorsque nous parviendrons à Sainte-Marie-des-Anges, tout trempés de pluie et gelés de froid, tout souillés de boue et tourmentés de faim, et que nous sonnerons à la porte du couvent, s'il arrivait que le portier vînt vers nous d'un air furieux, et nous dit :

10. « Qui êtes-vous ? » à quoi nous répondrions : « Nous sommes deux de vos frères ! » Mais lui, au contraire, nous dirait : « La vérité est que vous êtes deux ribauds qui vous « en allez de tous côtés par le monde, ravissant les aumônes « des pauvres ! »

11. « Et puis il refuserait de nous ouvrir, mais nous

ferait rester dans la neige et dans l'eau, et dans le froid et
la faim jusqu'à la nuit ; et nous, alors, si nous réussissions
à supporter patiemment, sans trouble et sans murmure,
tant d'injures et de rebuffades,

12. « et que, humblement et charitablement, nous pen-
sions que ce portier nous connaît vraiment tels que nous
sommes, et que c'est Dieu lui-même qui excite sa langue
contre nous, ô mon frère Léon, inscris bien ceci, c'est en
cela que consisterait la joie parfaite !

13. « Et puis, que si nous persistions à frapper, et que
ce portier en fût exaspéré comme contre des importuns, et
se mît rudement à nous rouer de coups, en nous disant :
« Voulez-vous, bien vite, vous sauver d'ici, sale racaille,
« et vous en aller à l'hôpital ! car enfin, qui donc êtes-
« vous ? Vous n'aurez absolument rien à manger ici ! »

14. « et que si nous subissions encore patiemment tout
cela, et recevions ces injures de tout notre cœur, avec
amour, ô mon frère Léon, inscris bien que c'est là que
serait la joie parfaite !

15. « Et que si, ensuite, tourmentés par une faim pres-
sante, affligés du froid, et voyant la nuit toute proche,
nous nous remettions à frapper, et à appeler, et à supplier
en pleurant qu'on daignât nous ouvrir, et qu'alors cet
homme, enragé, s'écriât : « Voilà, par exemple, des créa-
« tures insolentes et effrontées ! Mais je saurai bien les
« faire tenir tranquilles ! »

16. « Et puis que, sortant avec un gourdin noueux et
nous saisissant par le capuchon, il nous jetât à terre, dans
la boue et la neige, et nous frappât si fort du susdit gourdin qu'il nous couvrît de plaies de la tête aux pieds ;

17. « et que si nous acceptions avec joie ces injures et ces
coups, en songeant que nous avons le devoir de subir avec

patience les peines que nous inflige le Christ bienheureux,

18. « ô mon frère Léon, alors nous connaîtrions la joie parfaite. Car entre toutes les grâces du Saint-Esprit que le Christ a accordées et données à ses amis, il n'y en a point de plus précieuse que de se vaincre soi-même, et de supporter volontiers tous les opprobres pour le Christ et pour l'amour de Dieu !

19. « Et, en effet, de toutes les choses admirables que je t'ai nommées tout à l'heure, nous n'avons pas le droit de nous en enorgueillir, attendu que ces choses ne viennent pas de nous, mais de Dieu : *car que possèdes-tu, que tu n'aies reçu de moi? Et si tu as reçu, pourquoi t'enorgueillis-tu comme si tu n'avais point reçu?* Mais au contraire, des tribulations et des afflictions et de la grâce qu'elles constituent pour nous, de cela nous pouvons nous enorgueillir, car cela vient vraiment de nous!

20. Et c'est pourquoi l'apôtre a dit : « *Quant à moi, je n'ai garde de m'enorgueillir de rien, si ce n'est de la croix du Seigneur !* »

Il y a auprès d'Assise un sentier qui, entre une double rangée de cyprès, conduit, le long des flancs de la montagne, jusqu'au cimetière de la ville. De ce sentier, l'œil plonge dans une vallée profonde que coupe un torrent. L'été, tout le paysage apparaît désolé comme un désert d'Afrique : Le torrent est à sec, découvrant son lit d'un blanc sale ; les montagnes demeurent grises et nues, malgré les taches vertes des oliviers ; et

Pérouse, au loin, ressemble à un vaste navire échoué, avec la haute mâture de ses tours.

Giovanni et Francesco aimaient particulièrement à errer dans ce sentier vers le soir, lorsque le soleil était sur le point de disparaître derrière les lointains Apennins, et qu'une brise légère apportait un peu de fraîcheur dans l'air embrasé. Et souvent les deux amis, en se promenant là entre les cyprès, récitaient ensemble l'immortel *Cantique du Soleil*, composé jadis par saint François :

Très Haut, Tout Puissant, et Tout Bon Seigneur,
A toi sont les louanges, la gloire, l'honneur, et toute bénédiction !
A toi seul, Très-Haut, ils conviennent,
Et nul homme n'est digne de nommer ton nom.
Loué sois-tu, Seigneur, avec toutes tes créatures,
Et tout particulièrement notre frère le Soleil,
Qui nous donne le jour et par qui tu nous éclaires ;
Et qui est beau et rayonnant, et qui, avec sa grande splendeur,
Nous porte signification de Toi, Très-Haut !
Et loué sois-tu, Seigneur, pour nos sœurs la lune et les étoiles,
Que tu as créées au ciel, claires et précieuses et belles !
Et loué sois-tu, Seigneur, pour notre frère le vent,
Et pour l'air et les nuages, et pour le serein, et pour tous les temps,

Au moyen desquels tu donnes soutien à tes créatures !
Et loué sois-tu, mon Seigneur, pour notre sœur l'eau,
Qui est très utile, et humble et chaste !
Et loué sois-tu, mon Seigneur, pour notre frère le feu
Au moyen duquel tu éclaires la nuit,
Et qui est beau et joyeux, et robuste et fort !
Et loué sois-tu, mon Seigneur, pour notre sœur, la mère
Terre,
Qui nous entretient et nous supporte,
Et produit les divers fruits, et les fleurs colorées, et les
arbres !
Louez et bénissez le Seigneur, et rendez-lui grâce,
Et servez-le avec grande humilité !
Et loué sois-tu, mon Seigneur, pour notre sœur la mort
corporelle,
A qui nul homme vivant ne peut échapper !
Malheureux seulement ceux qui meurent en péché
mortel ;
Mais bienheureux ceux qui ont accompli tes très saintes
volontés ;
Car la seconde mort ne pourra leur faire aucun
mal !

Tel qu'une litanie, ce chant de saint François s'élevait des lèvres et du cœur des deux amis, le soir, lorsqu'ils erraient sur le sentier désert, et que le soleil descendait derrière les montagnes, tandis que, de tous les clochers des églises et des couvents d'Assise, arrivait à eux la rapide sonnerie de l'*Angelus* du soir.

VI

Le mois de juillet était déjà assez avancé, lorsque
Giovanni était venu à Assise ; et, dans les derniers
jours de ce mois, le jeune homme vit arriver les
premiers pèlerins.

Ils arrivaient de toutes les régions de l'Italie, du
Piémont et de la Pouille, de la Lombardie et de
Naples, de la Toscane et de la Sicile. Ceux qui
venaient des environs arrivaient à pied ; ceux qui
venaient de régions plus éloignées arrivaient, pour
la plupart, dans de longues carrioles où ils se ser-
raient l'un contre l'autre, et où chacun d'eux devait
être torturé de l'écrasante chaleur, sous un sem-
blant de bâche bien insuffisant. Et il y en avait
beaucoup, parmi eux, qui avaient ainsi voyagé
pendant douze jours, afin d'assister à la fête de
l'Indulgence au couvent de Sainte-Marie-des-Anges,
et qu'attendait un non moins long voyage de retour
après l'achèvement des deux jours de fête[1].

[1] Les origines historiques de la célèbre Indulgence de la Portioncule

Le petit hameau de Sainte-Marie-des-Anges, d'où l'on voit la ville d'Assise se dérouler comme un ruban de clairs édifices au flanc de l'imposante masse bleue du mont Subasio, était tout rempli d'une foule remuante. En rangs serrés, les voitures s'alignaient; des pèlerins poussiéreux, trempés de sueur et brûlés de soleil, — chacun reconnaissable à son bâton que surmontait une croix, — envahissaient tous les endroits où l'on trouvait à manger. Devant l'église, de nombreuses tentes avaient été hâtivement installées, offrant aux pèlerins, moyennant quelques sous, du vin, de l'eau de seltz, et de la glace, tandis que d'autres étalages improvisés débitaient des chapelets, des croix en écaille, des médailles avec l'image de saint François et de sainte Claire.

Et, le matin du jour où devait commencer l'Indulgence, — le matin du 1er août, — toute cette masse de pèlerins monta vers Assise.

Là, elle s'entassa sous le grand portail de l'église inférieure, et sous les arcades qui entourent la place voisine, et sur les hauts escaliers de pierre condui-

nous sont exposées par M. Jœrgensen dans un chapitre entier de son *Saint François d'Assise* (pp. 246 et suiv. et *Appendice*, pp. 503 et suiv.) (T. W.)

sant du portail de l'église inférieure à la place qui entoure l'entrée de l'église supérieure. La plupart de ces pèlerins, notamment parmi les femmes, étaient déjà âgés. Mais tous, vieux et jeunes, avaient revêtu leurs plus beaux habits; les femmes étaient coiffées des fichus aux couleurs voyantes, sous lesquels brillaient de lourds pendants d'oreilles. Lorsqu'un groupe de ces femmes se trouvait assis dans un coin ou sur une marche, on le voyait étinceler comme un plant de tulipes. Et si vieilles qu'elles fussent, ces femmes, par leur visage, leur attitude et leur démarche, n'en ressemblaient pas moins à celles d'autant de reines. Et les jeunes filles avaient le même teint doré, les mêmes yeux extatiques que les *Vierges* de Cimabue.

Giovanni et Francesco errèrent toute la journée parmi ces pèlerins.

En bas, dans la crypte, on avait ouvert le grillage, habituellement fermé, qui entoure le tombeau de saint François; et un océan de lumière illuminait de sa splendeur l'éclat doré et argenté de la châsse du saint, avec ses colonnes d'agate et d'onyx, de jaspe et de malachite et de porphyre.

La crypte était remplie de pèlerins qui, par une pénitence terrible se préparaient à acquérir l'indulgence du lendemain. Une rangée compacte de ces pèlerins s'avançaient à genoux, lentement, autour du tombeau, recommençant indéfiniment leur pieuse procession.

Là encore, on reconnaissait surtout de vieilles femmes, des hommes à tête grise. Et l'on voyait remuer leurs lèvres activement, récitant des prières, et les chapelets glissaient dans les mains brunes, mais sans que l'on entendît aucun autre bruit, dans le profond silence de la crypte, que le faible murmure des grains de chapelet. Francesco et Giovanni restèrent longtemps à contempler cette scène ; et toujours aucun des pénitents ne se relevait, aucun ne s'arrêtait de tourner lentement, à genoux, sur les dalles, autour du tombeau de saint François.

Au dehors, sur la place devant l'église, cependant, s'était déjà rassemblée la procession qui devait monter de l'église jusqu'à la maison natale de saint François, pour revenir ensuite jusqu'à l'église. Les deux amis, Francesco et Giovanni, se joignirent à cette procession, qui commençait déjà à s'ébranler. Le long cortège, devant eux, remplissait les rues étroites et tournantes. Des croix et des bannières s'agitaient au vent, les fichus

bariolés étincelaient sous le plein soleil. Tous les
hommes allaient tête nue, malgré l'écrasante chaleur. Et de toutes les lèvres s'élevait un chant guer-
rier et sauvage, dont Francesco et Giovanni ne
percevaient nettement que le refrain : *Maria.
Maria !* C'était un chant qui traduisait à la fois
un plainte suppliante et un zèle enflammé, un
chant qui, par force, contraignait les auditeurs à
s'enrôler pour une croisade, un chant qui se prolon-
geait, avec sa plainte et son appel farouche, jusqu'à
ce que l'âme qui l'entendait en fût pénétrée.

Giovanni et Francesco regagnèrent l'église par
un raccourci, avant que la procession y fût redes-
cendue ; après quoi ils parvinrent à se glisser dans
le chœur avant que celui-ci se trouvât séparé du
reste de l'église par la fermeture d'une grille. Et,
afin de pouvoir ne rien perdre des détails de la scène
où ils allaient assister, tous deux montèrent à la
galerie qui court autour du chœur, contre les
fenêtres, le long du mur voûté, et où, d'ordinaire,
les chantres seuls ont le droit de se tenir pendant
les offices.

Au-dessous d'eux, dans les stalles du chœur,
siégeaient déjà les Pères du couvent, ayant devant
eux leurs gros bréviaires anciens avec les initiales

rouges, les grosses lettres vénérables, les notes carrées du chant.

L'office commença par le psaume habituel : *Dixit Dominus Domino meo*, cette prophétie messianique de David que le Christ lui-même a invoquée en sa faveur contre les Pharisiens. Après quoi vinrent les autres psaumes ordinaires qui font partie de l'office de la sainte Vierge.

Dans la galerie étaient assis les chantres, avec de gras visages tout séculiers et laïcs au-dessus des surplis blancs que les moines leur faisaient revêtir afin de leur donner au moins une vague apparence religieuse. Et, tout d'un coup, une voix d'enfant, d'une pureté merveilleuse, retentit dans la vaste église, entonnant l'*Ave Maris Stella :* « Salut à toi, ô étoile de la mer !

Cependant, l'office approchait de sa fin. Déjà le *Magnificat*, l'hymne de joie de la sainte Vierge, avait été chanté. Tout à coup un prêtre s'avança devant le maître-autel, et entonna les litanies de la Vierge :

Kyrie eleison.

A quoi, du fond de l'église, un chœur d'un millier de voix répondit :

Christe eleison.

Giovanni regarda au-dessous de lui. Derrière la grille du chœur, tout le peuple des pèlerins était agenouillé. Et dans le demi-jour de l'église, — car l'ombre du soir commençait à se répandre sous les voûtes basses, — on voyait tête contre tête, visage contre visage, jusque là-bas, au dehors, dans la pleine lumière lointaine qui pénétrait dans le portail de l'église. Et toute cette foule était à genoux.

Les litanies de Lorette se déroulèrent, ce soir-là, dans toute leur splendeur. De l'autel, la voix de l'officiant appelait l'un après l'autre les noms puissants sous lesquels l'Église invoque la Sainte Vierge, et toujours le chœur du peuple répondait par un *ora pro nobis !* qui roulait lentement à travers l'édifice. Puis les litanies se terminèrent par le triple *Agnus Dei*, et le dernier *miserere nobis* expira dans les recoins les plus éloignés de la basilique.

Et maintenant tous les cierges s'allumèrent sur le maître-autel. Le prêtre, qui jusqu'alors s'était tenu à genoux, se releva, monta les degrés de l'autel, ouvrit la porte du tabernacle, et s'inclina très bas. Puis il prit une hostie, et l'introduisit dans l'ostensoir.

Pendant ce temps, les enfants de chœur avaient apporté leur encensoir. L'encens fut placé sur les charbons ardents, et des nuages épais s'élevèrent jusqu'aux voûtes décorées par Giotto. Et les cierges de l'autel resplendissaient commes des étoiles d'or.

Et le prêtre saisit l'encensoir, et, s'étant agenouillé, projeta trois fois le sacrifice de l'encens vers l'hostie, sur l'autel. Un silence profond s'était répandu dans l'église : chacun pouvait entendre le grincement des chaînes de l'encensoir.

Le prêtre rendit l'encensoir aux enfants de chœur, se leva de nouveau, s'inclina en fléchissant le genou. et prit en main l'ostensoir.

Et tandis que la foule agenouillée se penchait encore plus bas, et que les sonnettes des enfants de chœur tintaient parmi le silence infini, le prêtre, avec la monstrance d'or, dessina devant lui, en l'air, une lente croix lumineuse.

Au même instant le clocher de l'église envoya vers la ville une pluie de claires et joyeuses sonneries, et, dans le bas, les cloches de Sainte-Marie-des-Anges répondirent. La grande Indulgence de saint François avait commencé !

Et à peine eut-on fini de chanter la strophe qui salue le Saint-Sacrement, le *Tantum ergo Sacra-*

mentum de saint Thomas d'Aquin, et à peine l'ostensoir fut-il de nouveau recouvert, que les portes de la grille du chœur s'ouvrirent à la foule des pèlerins, et que ceux-ci, avec de sauvages cris de joie, se précipitèrent vers le maitre-autel, d'où le prêtre s'était rapidement éloigné.

Evviva San Francesco !

Evviva la Santa Vergine !

Evviva Maria !

C'était avec ces cris que la foule enthousiaste se ruait vers l'autel. Et maintenant commença une procession autour de cet autel, ou plutôt une course folle, pendant laquelle ne cessaient point de s'élever ces trois cris. Et le nombre des pèlerins était si grand, et leur masse si épaisse, que plusieurs d'entre eux, notamment des femmes, tombèrent et furent sur le point d'être foulés aux pieds. Mais toujours ces personnes parvenaient à se sauver en grimpant sur les marches de l'autel, d'où, au reste, les chassait aussitôt le bourgmestre d'Assise, installé là avec un gros gourdin, et flanqué de deux gendarmes. Et avec l'aide de ceux-ci, de temps à autre, ce haut fonctionnaire asśénait des coups de son bâton sur les pèlerins occupés à crier *Evviva*, espérant pouvoir par là maintenir le bon ordre. C'était un gros homme à figure de taureau, avec cette expression de visage étrangement apathique que l'on rencontre souvent, en Italie, chez les « esprits avancés », au point que l'on pourrait presque la considérer comme un signe distinctif du franc-maçon.

Une heure et demie environ, se prolongea sans interruption cette course autour de l'autel. La poussière montait maintenant jusqu'aux voûtes, comme, tout à l'heure, la fumée de l'encens, et c'est à travers ce nuage que le soleil projetait ses derniers rayons d'or. Et pas un instant ne cessaient les cris d'*Evviva* en l'honneur de saint François et de la Sainte Vierge.

Et plus bas, dans les stalles du chœur, sur les sièges occupés précédemment par les moines, se tenaient assises de petites jeunes dames en chemisettes claires, et Giovanni les voyait caqueter avec de jeunes radicaux italiens à lorgnettes, et il les voyait rire avec pitié, les uns et les autres, de ce grossier fanatisme d'une populace ignorante.

INTÉRIEUR DE L'ÉGLISE SAINTE-MARIE-DES-ANGES, PRÈS D'ASSISE

(Au fond, la petite église de la Portioncule.)

VII

C'était le jour suivant, le véritable grand jour
de l'Indulgence.

La haute et claire église de Sainte-Marie-des-
Anges, d'ordinaire à peu près vide, était remplie
d'une foule énorme. Tous les confessionnaux se
trouvaient occupés ; dans toutes les chapelles, des
pèlerins étaient en prière, et d'autres groupes de
pèlerins s'étaient installés tout autour de la nef,
appuyés contre les piliers. Au maître-autel, dans
le fond de l'église, des prêtres disaient messes sur
messes pour cette assistance pieuse. Toute l'in-
nombrable population bariolée qui, la veille, avait
chanté les vêpres dans la basilique d'Assise, se
voyait maintenant rassemblée ici, sous les voûtes
blanches de Sainte-Marie-des-Anges.

Et au milieu de cette grande église claire se
dressait, toute basse et toute humble, l'ancienne
Portioncule de saint François : une petite construc-
tion de pierre, de forme carrée, ayant à peine la

hauteur de deux tailles d'hommes, et où c'est à peine si trente personnes pouvaient trouver place. Et à l'intérieur de cette petite chapelle misérable tous les murs étaient recouverts, pouce par pouce, de précieux ex-voto, et, au dehors, sans cesse, des fidèles venaient avec vénération baiser les pauvres murailles dénudées.

C'est dans ce petit édifice que, jadis, l'Indulgence avait été accordée à saint François; et, par suite, c'est encore seulement dans l'intérieur de la chapelle que, aujourd'hui, les pèlerins pouvaient se gagner leur précieuse indulgence, et cela de la façon que voici :

La Portioncule a deux portes, l'une vis-à-vis de l'autel, et l'autre sur le côté sud de celui-ci, ou côté de l'Épître. Or, c'est entre ces deux portes que défile maintenant toute la foule des pèlerins, en une procession ininterrompue. En passant devant l'autel, chacun fléchit le genou, et ainsi se trouve remplie la dernière condition exigée pour acquérir l'indulgence. Et chacun s'en va en croyant l'avoir acquise.

Mais, en réalité, l'indulgence plénière n'est pas aussi facile à obtenir. Car pour qu'un pèlerin en soit gratifié, l'Église n'exige pas seulement de lui un repentir tel que celui qui, la veille, l'a poussé à tourner à genoux autour du tombeau du saint. Non, ce qui est exigé de lui, c'est un affranchissement complet non seulement de ses péchés passés, mais encore de toute dépendance à l'égard du péché. Il faut que le pèlerin ne conserve pas en soi la moindre trace de prédilection pour son péché, en se souvenant des plaisirs coupables de son passé. Et par là s'explique sans doute que l'on voie les mêmes pénitents recommencer indéfiniment à pénétrer dans la Portioncule ; car, chaque fois, ils comptent qu'une nouvelle occasion leur sera donnée, une possibilité supplémentaire de se gagner l'indulgence.

Francesco donnait tous ces renseignements à son ami Giovanni, pendant que tous deux, debout dans une petite chapelle latérale, considéraient le défilé sans fin de la foule à travers la petite église de la Portioncule. A quelque distance des deux jeunes gens se tenaient deux évêques, reconnaissables à leurs calottes violettes. Et sans cesse des passants s'approchaient, saisissaient la main des prélats, et baisaient dévotement l'anneau d'améthyste. Giovanni eut ainsi le loisir de les observer de près. L'un, l'évêque d'Assise, était trapu, rouge de visage, avec une figure de César romain. L'autre, l'évêque de Foligno, maigre, pâle, encore jeune, faisait voir des traits qui exprimaient à la fois une intelligence féminine et aussi une impressionnabilité exceptionnelle. Il portait la tête très haute, riait beaucoup, et avait sur le nez des lunettes très brillantes.

Depuis le matin, les deux amis étaient restés à Sainte-Marie-des-Anges. Maintenant, l'après-midi se trouvant déjà assez avancée, ils sortirent de l'église. Sous une tente, ils réussirent à s'attabler entre des pèlerins mangeant et causant, et bientôt eux aussi s'occupèrent à manger tout en échangeant quelques mots avec leurs voisins.

Et lorsqu'ensuite ils se retrouvèrent en plein air, ils virent qu'un grand nombre de pèlerins s'apprêtaient déjà au départ. C'étaient ceux qui avaient devant soi la plus longue route, ceux de la Pouille et de Naples. L'une après l'autre, les longues voitures se remplissaient de vieilles Napolitaines droites comme des cierges, avec leurs visages bruns sous les fichus blancs. Et parmi les derniers appels d'*Evviva Maria !* la carriole s'ébranlait, et bientôt disparaissait dans des nuages épais de poussière.

A l'intérieur de l'église, une petite troupe de

pèlerins restait encore, qui étaient en train de prendre congé de la sainte chapelle. A reculons, le visage fixé sur la Portioncule, ils allaient lentement vers la porte de sortie. A leur tête il y avait un homme qui portait un grand Crucifix, et tous les autres tenaient en main les bâtons en forme de croix auxquels étaient suspendus leurs sacs de voyage. Lentement, toujours à reculons, ils sortaient de l'église, le visage toujours obstinément fixé sur la Portioncule, et comme en extase. Et sans arrêt, d'une façon quasi inconsciente, ils chantaient cette même mélodie sauvage et plaintive que les deux amis avaient entendue, la veille, durant tout le temps de la procession à travers Assise, quelque chose comme une berceuse et un cri de réveil tout ensemble pour le cœur inquiet et découragé. Et tout ce monde, les vieilles femmes aussi bien que les jeunes garçons, chantaient avec le même recueillement passionné, la même force brûlante. Et puis, lorsqu'enfin ils parvenaient à la sortie de l'église, chacun se prosternait à plat sur le sol, pour prendre congé avec une dernière prière de l'endroit vénérable où ils étaient venus chercher la paix de leurs âmes.

Cependant le soir commençait à tomber, et le

crépuscule envahissait la vaste église. Seules brillaient les lampes allumées à l'intérieur de la petite Portioncule.

— Viens ! dit Francesco à son ami. Une fois au moins nous allons traverser la chapelle, nous aussi !

Et Giovanni se joignit au torrent qui continuait à couler par la petite chapelle, régulier et sans fin, comme le flot du sang à travers le cœur.

A l'intérieur, une buée lumineuse remplissait l'étroit espace. Sur tous les murs, étincelaient des cœurs d'or et d'argent, offerts en ex-voto par la piété des fidèles ; et tout le long de la grille qui fermait l'autel une rangée de pèlerins se tenaient à genoux, immobiles, plongés dans une prière que nul bruit du dehors n'aurait pu troubler.

Un silence imposant et comme accablant régnait dans ce petit espace encombré de foule. On avait l'impression de s'y trouver comme seul sous un ciel infini. Involontairement, l'incrédule Giovanni fléchit le genou, lorsqu'il eut à passer devant l'autel. Il sentait la proximité d'une force solennelle, et volontiers il serait resté toujours là, parmi ces pèlerins en prière, sous les ailes protectrices d'il ne savait quelle puissance mêlée de pardon.

Mais le torrent de la foule l'entraîna, le contraignit à s'avancer vers la sortie de la chapelle. Et, lorsqu'il en fut sorti, il lui sembla qu'il était resté très longtemps dans le petit sanctuaire. Et certes, s'il l'avait osé, volontiers il y serait rentré une fois de plus. Mais, décidément, il n'en eut point le courage...

Et pourtant il gardait nettement conscience d'avoir reçu quelque chose, là-bas, dans la Portioncule. Une paix merveilleuse était descendue sur lui, il ne savait d'où. Et lorsque, au coucher du soleil, il remonta vers Assise en compagnie de Francesco, et lorsqu'il vit se dresser devant lui les toits gris et les tours et les hautes maisons de l'ancienne cité, ainsi que la longue série des arcades du couvent et le clocher carré qui s'élève au-dessus de la triple église de Giotto et de Cimabue, très profondément il sentit que depuis bien des années il n'avait pas été aussi heureux qu'il l'était ce jour-là.

VIII

Et pourtant Giovanni ne croyait pas. C'est ce qu'il fut forcé de s'avouer à soi-même lorsqu'ensuite, ce même soir, il se retrouva seul dans sa chambre, sans autre bruit que le doux murmure d'une vieille fontaine, de l'autre côté de la rue.

Depuis sa dix-huitième année, il n'avait plus cessé d'être « libre-penseur ». Il l'avait été d'abord en adorateur enivré de la nature, en amant de la solitude dans les bois profonds, en rêveur noctambule, buvant la rosée et le clair de lune, en poète épris des étoiles éternelles et du merveilleux calme funèbre de l'automne.

Mais bientôt la ville l'avait englouti, la grande ville, avec l'absinthe des cafés, les longues buveries des nuits d'hiver, et les folles conversations de camarades « éméchés », avec ces journaux qui remplissent l'âme d'un vide sec et froid ; et ainsi, peu à peu il s'était desséché et flétri comme un arbre sur un boulevard.

Et maintenant il sentait qu'il ne lui serait même plus possible de revenir à la nature. Ses portes lui étaient désormais fermées. Il pouvait bien encore pleurer, en revoyant les lieux dont la beauté l'avait jadis rempli du plus pur bonheur : mais son cœur était devenu dur et glacé. Son cœur n'était plus une terre malléable et féconde, mais un asphalte artificiel et stérile, dont aucun brin d'herbe ne saurait germer. Et c'est ainsi que, à présent, Giovanni était en quête d'une charrue assez forte pour pouvoir briser cette croûte épaisse qui recouvrait les fructueuses profondeurs de son âme. Et, plus ou moins consciemment, il était attiré vers la foi de l'Église catholique, comme vers la seule chose au monde qui eût le pouvoir de lui être cette charrue, et peut-être même de devenir pour lui quelque chose d'autre encore.

Mais, par ailleurs, il n'en découvrait pas moins en soi une révolte contre la foi, et il comprenait même que cette révolte provenait plutôt de sa nature primitive que de son être ultérieur. Le sens frémissant de beauté qu'il portait en soi, et dont parfois encore un écho s'éveillait dans son cœur, le respect et le recueillement qu'il éprouvait sous la voûte étoilée et solennelle de la nuit, la joie

que c'était pour lui de s'asseoir, seul, parmi la
claire verdure d'un bois au printemps, et de voir
les rayons d'or du soleil se refléter sur le sol tapissé
d'anémones sauvages, et d'entendre l'appel du
coucou, tout cela lui paraissait infiniment éloigné
de ce monde nouveau de la foi religieuse (où tout
n'était rempli que de miracles, et de bulles d'excom-
munications, et d'incompréhensibles indulgences).
Il ne lui était point possible de songer sérieusement
à une rédemption qui ferait de lui un pur esprit
sans corps, et qui lui permettrait de pénétrer dans
une lumière éternelle, dans un monde où se trouverait supprimée l'heureuse diversité des êtres, et
où rien n'existerait plus que l'unité divine. Et il lui
semblait que toujours, du milieu de cette lumière
incréée du paradis il conserverait le regret de la
création terrestre, où le coucou jetait son cri d'appel parmi la verdure printanière des bois et où le
rossignol chantait sous le clair de lune. Mais ni le
coucou, ni le rossignol ne devaient plus exister
dans ce paradis, puisqu'ils n'avaient point d'âme !
tous deux devaient disparaître, se perdre à jamais
dans un mystérieux abîme. Et durant les siècles
des siècles rien d'autre ne devait plus exister que
cette béatitude immuable, éternellement uniforme.

Encore n'était-ce pas tout : pour se gagner ce paradis, il était indispensable que l'on commençât par renoncer ici-bas à toute beauté, que l'on devint pareil à ce moine dont la tête est constamment cachée sous son capuchon, de manière qu'il ne puisse voir la beauté des fleurs !

Ainsi parlait en Giovanni son âme d'autrefois, celle qui, dans les bois de son pays natal, avait joyeusement contemplé et rêvé. Mais à cela le moi « ultérieur » du jeune homme, l'être formé par la ville, le civilisé, répondait en ces termes :

— Oui, tu aurais raison si l'objet et la fin de la vie pouvaient consister à rester assis dans les bois et à contempler le ciel étoilé. Mais l'homme est venu dans ce monde pour faire son devoir, tout de même que le coucou fait le sien lorsqu'il appelle, et le rossignol lorsqu'il chante. Le malheur est seulement que l'homme, lui, ne puisse pas se laisser guider par son instinct, comme le coucou et le rossignol, et que si l'homme veut faire comme ces oiseaux, fatalement il se trouve amené bientôt à tout ce dont tu es à présent si las et si rassasié : à l'ennui, au péché, au souci, à la fatigue et au vide intérieur. En tant que simple produit de la nature, l'homme n'est rien, tout son savoir consiste à s'élever au-dessus de sa nature.

« Et cela n'est possible que par un seul moyen, par la répression en soi de la nature, par la crucifixion de la chair, par le renoncement à soi-même, en un mot par le christianisme. Par là seulement se trouve délié ce nœud du devoir que l'homme naturel, — lorsqu'il s'abandonne à ses instincts, — ou bien serre trop fort au point de s'étouffer, ou bien encore est forcé de trancher.

« Seule, la croix du Christ est facile à porter. La loi toute pure, la contrainte qu'exercent sur nous les conditions de la vie et la pression de la société humaine, cette contrainte est lourde et pénible, et de là vient qu'un grand nombre d'hommes la brisent et rejettent leur fardeau de leurs épaules, les uns légèrement et d'autres en désespérés. Mais ce fardeau ne s'accommode pas d'être rejeté : fatalement il faut que nous le portions; et aussi bien la légèreté indifférente que le désespoir aboutissent à la même fin, qui est la mort. Il n'existe absolument qu'une seule issue : et c'est d'accepter la parole de Dieu, de prendre sur son épaule la croix de la vie, puisque telle est la volonté de Dieu en vue de notre bonheur à venir !

« Et cela n'est possible que par une foi profonde et solide dans le Christ comme en Celui qui est venu de Dieu pour révéler la vérité à la fois par sa vie et par les angoisses de sa Passion. Crois que le Christ est l'envoyé de Dieu et le fils de Dieu, et puis demande-lui de te donner la force de prendre sur ton épaule la croix de la vie et de la porter sans te plaindre ! Par ce moyen tu seras heureux, et par nul autre moyen ! par ce moyen seulement toute ta vie sera aussi heureuse que celle de l'oiseau qui chante dans les bocages verts ! »

Ainsi parlaient les deux voix.

Et Giovanni restait assis à les écouter, pendant que son regard embrassait toute la vaste plaine ombrienne, où ne brillait plus maintenant qu'une seule petite lumière, quelque part là-bas du côté de Sainte-Marie-des-Anges.

Un chien aboyait, dans le lointain, et de l'autre côté de la rue, sans arrêt, murmurait doucement la vieille fontaine.

IX

Il y avait à ce moment, dans le couvent de Saint-François à Assise, un moine appelé le P. Félix. Ce moine connaissait Francesco et était lié avec lui ; peu à peu il avait appris également à connaître l'étranger Giovanni, envers qui, depuis lors, il se montrait toujours très affectueux.

Un jour, les deux hommes et le P. Félix sortirent d'Assise par le chemin qui conduit à Pérouse : ils allaient visiter une petite paroisse de campagne qui dépendait du grand couvent d'Assise, et dont se trouvait précisément chargé le P. Félix. Tous les samedis, vers le milieu de la journée, le moine partait de son couvent, après quoi il employait la soirée du même jour à instruire les enfants du village des mystères de la foi. Le dimanche matin, il entendait les confessions de tous ceux des villageois qui désiraient recevoir les sacrements de la Pénitence et de l'Eucharistie, et puis, cela fait, il célébrait la sainte messe. Et déjà à l'heure de la grand' messe des Frères il était de retour au couvent.

Cette paroisse de campagne, où le P. Félix passait ainsi vingt-quatre heures chaque semaine de l'année, avait été, à l'origine, un château féodal auquel attenait un couvent, « un tout petit couvent en dehors des murs d'Assise, où demeuraient maints serviteurs de Dieu, et même, en vérité, des hommes d'une vie toute sainte, » suivant les mots d'un vieux chroniqueur. Désormais, le château était abandonné de ses anciens maîtres ; et dans ses antiques tours et ses salles à demi ruinées une centaine de pauvres gens avaient trouvé asile, des travailleurs des champs avec leurs femmes et leurs enfants. Toutes grises sous l'effet de l'âge, les ruines ainsi peuplées se dressaient là-haut, parmi les montagnes grises, et les deux cours du château s'étaient transformées en une rue que son pavé inégal et effondré rendait presque impraticable, et de laquelle partaient nombre de petites ruelles tournantes conduisant jusqu'aux recoins les plus éloignés des ruines, pendant que de hautes marches de pierre grimpaient au sommet des anciens remparts, où jadis s'étaient tenus les gardes du château, et où maintenant de pauvres enfants dormaient sur des lits de feuilles de maïs.

Et puis, un peu plus haut que le château, se trouvait le couvent, également abandonné de ses moines, mais qui, lui, n'avait pas été touché par la main du temps, le couvent, et aussi sa petite église, que des élèves de Giotto et de Botticelli avaient remplie de fresques à demi effacées.

Ce couvent avait appartenu aux Bénédictins, et la légende raconte que saint François, encore tout jeune, et au cours d'un de ses vagabondages pieux, était venu dans ce coin perdu de l'Ombrie. Il avait monté le sentier abrupt au flanc de la montagne, avait traversé le château, et avait frappé à la porte du couvent avec l'espérance d'y recevoir un accueil hospitalier. Car il souffrait de la faim, et la nuit tombait, et les alentours étaient entièrement déserts. Dans cette partie des Apennins, en effet, l'on ne rencontre aujourd'hui encore ni villes, ni villages, rien que des ruines de vieux châteaux, éparses çà et là, et où logent de pauvres gens comme une nichée de hiboux.

Le frère portier reçut amicalement le voyageur, et lui dit que les moines pouvaient fort bien lui offrir un abri pour la nuit, mais qu'ils seraient en peine de le nourrir convenablement : car le frère chargé de la cuisine était mort, et ils n'avaient encore trouvé personne pour le remplacer. Sur quoi le jeune inconnu, accoutumé depuis long-temps à croire tout possible dès qu'il s'agissait d'obliger autrui, se proposa sans hésitation pour remplacer momentanément le frère défunt; et pendant plusieurs jours, puisant dans sa charité un véritable génie culinaire, il régala ses bons moines de mets savoureux, autant du moins que le permettaient la discipline monastique et les humbles ressources du garde-manger. Aussi ses hôtes se montrèrent-ils fort affligés lorsque, après avoir communiqué à l'un des frères ses principales recettes, le cuisinier improvisé annonça son inten-tion de se remettre en route. Le père prieur, lui-même, daigna lui adresser la parole, et lui dit : « Mon cher fils, tu es jeune, et, à en juger par ton costume et tes discours, tu sembles bien te destiner au service de Dieu. Pourquoi n'entrerais-tu pas dans l'ordre de Saint-Benoit? Tu resterais avec nous, et deviendrais notre cuisinier ! »

Mais saint François répondit :

— Mon père, je vous remercie de l'offre infini-ment honorable que vous voulez bien me faire, mais mon devoir m'ordonne de partir d'ici pour me rendre en d'autres lieux !

Sur quoi il prit congé des moines et revint à Assise, où, peu de temps après, il institua l'ordre Franciscain.

En l'honneur de cette visite, plus tard, les Bénédictins firent don de ce couvent aux Franciscains. Et puis, après qu'un peintre, élève de Giotto, eut placé sur le maître-autel un beau rétable au centre duquel était représenté la très sainte Vierge, le couvent changea de nom, et fut appelé Santa-Maria della Rocca ; car il est, en effet, bâti sur le roc.

C'est donc là que s'étaient rendus, ce samedi, Francesco et Giovanni, accompagnant le desservant de l'endroit, qui était leur ami le P. Félix. Leur cheval et leur voiture avaient été remisés chez un paysan, appelé Bicchiabugo, qui demeurait au bas du rocher ; et puis les trois amis avaient gravi la montagne, avaient traversé le château en ruines, désormais devenu un village, — un *paese*, suivant l'appellation italienne, — et étaient arrivés au couvent.

Et lorsque le P. Félix eut ouvert aux deux étrangers la porte du couvent, et qu'ils eurent pénétré à l'intérieur, et aperçu le cloître merveilleusement calme avec sa double rangée d'arcades blanches, disposées les unes au-dessus des autres, avec un vert potager au milieu, Giovanni s'écria :

— Francesco, mon ami, voici un endroit où il fait bon vivre ! C'est ici que nous allons nous installer à demeure !

Et il en fut comme Giovanni le disait. Les deux amis, avec la généreuse permission de l'ordre de Saint-François, s'installèrent à La Rocca jusqu'à la fin de l'été. Le P. Félix, lui, était revenu à Assise : mais chaque samedi les deux habitants de Santa-Maria della Rocca avaient le plaisir de l'accueillir à leur table.

X

Giovanni était assis, seul, dans la montagne. Il
avait pris pour siège un bloc de roche, au bord d'un
petit sentier qui serpentait là, tout pierreux et rabo-
teux, entre des champs d'oliviers. Devant lui, la
montagne descendait vers la vaste plaine qui, également plantée d'oliviers, sous un ciel **bleu** parfois
traversé de légers nuages d'un blanc de neige,
s'étalait jusqu'aux hautes cîmes violettes que Giovanni voyait se dresser, très loin sous les nuées
flottantes, fermant l'horizon. Une cigale chantait
dans l'herbe, toute proche, et quelque part, dans
un village lointain, les cloches tintaient. Nul autre
bruit ne troublait la paix solennelle de cette
joyeuse matinée d'un dimanche ombrien. Mais
dans l'âme de Giovanni il n'y avait point de paix.

Le jeune homme retrouvait bien, parmi cette
grande solitude, son ancien attrait pour la beauté
de la terre et la profondeur infinie du ciel. Mais il
ne goûtait plus dans ce sentiment le repos qu'il

y avait goûté autrefois, il ne s'y sentait plus assuré et heureux. Car il avait appris, désormais, à connaître un autre Dieu...

C'était un Dieu qui, suivant ce que l'on affirmait, était au fond le même que celui que Giovanni avait de tout temps adoré dans la beauté de sa création, mais qui, avec cela, était cependant tout autre pour lui. Un Dieu de miracles, et d'indulgences, et d'apparitions, un Dieu qui se laissait toucher et persuader par les prières de sa Mère, un Dieu qui se révélait aux hommes en personne afin de leur prescrire le culte de son Cœur Sacré et du Cœur Sacré de sa Mère, un Dieu qui, réellement et positivement, se trouvait présent dans la rondelle de pain consacrée que renfermait l'ostensoir d'or, — oui, le créateur du monde, tout entier et vivant, descendu dans une hostie!... Un Dieu qui s'accommodait d'être avalé et digéré, et puis d'être absorbé par l'estomac et l'intestin, pour finir par se changer dans le sang des veines! Un Dieu qui était l'ami ou le bien-aimé de ses fidèles, et à qui ceux-ci appliquaient tous les termes de l'amour terrestre!

Et Giovanni considéra le ciel qui brillait au-dessus de lui. Et, une fois de plus, il se redit intérieurement, se murmura même à mi-voix : « Un Dieu digestible, l'Être Éternel descendu dans l'intestin en compagnie de la viande et des légumes ! »

L'autre jour, pendant la solennelle bénédiction de la Basilique, lorsque le prêtre avait élevé l'hostie dans l'ostensoir d'or, lorsque tout le peuple qui remplissait l'église s'était jeté à genoux et avait penché la tête jusque dans la poussière des dalles, lorsque le tintement des clochettes des enfants de chœur et la puissante sonnerie des cloches de la tour avaient mélangé leurs sonorités pieuses, à ce moment Giovanni s'était senti ému, bouleversé, comme pénétré d'un torrent de feu.

Mais y avait-il eu là quelque chose de plus qu'une simple excitation nerveuse ? Le jeune homme se souvenait d'avoir éprouvé une impression du même genre en écoutant certaines œuvres de musique forte et solennelle, la *Passion de saint Matthieu* de Bach, le *Messie* de Haendel, l'ouverture de *Tannhauser* ou la scène finale du *Crépuscule des Dieux*.

Et ici, maintenant, parmi ces montagnes et ces arbres, en tête à tête avec la réalité foncière de la terre et du ciel, il sentit qu'il ne pouvait pas croire à ce Dieu de l'hostie !

Machinalement, il s'était baissé et avait étreint l'herbe qui poussait à ses pieds, tandis que son autre main s'accrochait au bloc de pierre comme s'il eût éprouvé le besoin de s'appuyer à quelque chose de solide et de sûr.

« Ceci du moins, se disait-il, ceci est réel et existe vraiment. Ceci m'apporte une parole fidèle et sérieuse du Tout-Puissant. Ceci doit pouvoir confirmer ce qu'il y a de vrai dans ma foi ! »

Et puis, avec plus d'assurance qu'auparavant, il reprit la suite de ses réflexions.

Ce Dieu de l'hostie était en même temps un Dieu d'amulettes. Sur la poitrine nue de tous les misérables enfants déguenillés de La Rocca, pauvres petits êtres phtisiques ou atteints du lupus, pendait le scapulaire protecteur, un petit morceau d'étoffe carré avec l'image de la Sainte Vierge. Et ce n'était pas seulement la santé corporelle, mais aussi la béatitude éternelle que ce scapulaire avait pouvoir de donner, en vertu des indulgences et privilèges qui y étaient rattachés. Cela était affirmé à Giovanni par une citation, qu'il avait lue récemment, de l'écrit d'un auteur catholique, le P. Maurel, sur la *Confrérie du Saint Scapulaire :*

« La vénération que nous accordons à l'insigne de notre Confrérie est fondée sur une apparition rayonnante de la Mère de Dieu dont a été gratifié le général de l'ordre des Carmélites, le bienheureux Simon Stock, le 16 juin 1251, à Cambridge en Angleterre. La très Sainte Vierge, en effet, a donné à ce saint moine un scapulaire qu'elle tenait à la main, et lui a dit : « Mon fils, reçois ceci comme l'insigne de mon ordre, et aussi comme un abri contre les dangers ! Et toute personne qui sera revêtue de cet insigne échappera à la damnation de l'enfer ». En vertu de cette révélation, nous croyons aujourd'hui que tous ceux qui ont le bonheur de porter le scapulaire à l'instant de leur mort. sont assurés de trouver indulgence auprès de Dieu[1] ».

[1] Pendant son séjour à la Rocca, Giovanni n'avait lu qu'une citation de l'écrit du P. Maurel, dans un ouvrage protestant dont il ne pouvait raisonnablement mettre en doute la parfaite bonne foi. Or, cette citation du théologien catholique par l'écrivain protestant se trouvait être, en réalité, un *faux*, ainsi que Giovanni lui-même l'a constaté par la suite.

Voici. en effet, les lignes qui, chez le P. Maurel, suivent celles qu'on vient de lire :

« En vertu de cette révélation, nous croyons aujourd'hui que tous ceux qui ont le bonheur de porter le scapulaire à l'instant de leur mort sont assurés de trouver indulgence auprès de Dieu. Car nous avons l'espoir que Marie daignera faire descendre sur eux les grâces qui leur permettront de persister dans la justice, durant toute leur vie, ou bien de se convertir sincèrement à l'heure suprême. La faveur de Marie les aidera à se fortifier ou à se purifier, à comparaître devant Dieu dans cet état d'entière droiture ou d'entier repentir qui leur méritera la béatitude éternelle. »

Que si le pauvre Giovanni, dans ses angoisses religieuses de la Rocca,

Giovanni savait fort bien que cette doctrine du scapulaire n'était nullement un dogme de l'Église. Mais il savait aussi qu'elle n'était nullement en opposition avec le sentiment général de l'Église. Le rosaire, de son côté, présentait une origine révélée du même genre que celle du scapulaire. Mais est-ce donc qu'il y avait des ateliers de couture et des machines à tourner, là-haut dans le ciel? Et pouvait-il vraiment suffire qu'un homme portât sur soi un produit de cette industrie ménagère d'en-haut pour que son âme fût sauvée de la damnation ?

« Décidément, je me sens devenir voltairien, pour peu que je m'attarde à réfléchir sur des histoires de cette espèce ! » se dit Giovanni.

Il se releva précipitamment, et revint au couvent de La Rocca, où Francesco l'attendait pour le repas de midi.

avait lu *cette explication-là* de l'effet bienfaisant du scapulaire, assurément sa mauvaise humeur contre ce dernier en aurait été bien atténuée. Et la conclusion à tirer de ce petit incident lui paraît aujourd'hui, simplement, celle-ci : « Ne lisez jamais, sur le catholicisme, que des écrits d'auteurs catholiques ! » (Note publiée par M. Jœrgensen dans la première édition allemande du *Livre de la Route*.)

XI

Après le dîner, durant les heures brûlantes de l'après-midi, Giovanni s'était retiré dans sa cellule, la plus grande et la plus imposante de tout le couvent. Sur une chaise basse, auprès d'une petite table, devant la fenêtre grillée, il lisait un moment, puis laissait retomber son livre sur ses genoux, lisait de nouveau, et, de nouveau, fermait le livre pour s'abandonner à la rêverie.

Sa cellule était une pièce assez grande, blanchie à la chaux. En plus de la petite table près de la fenêtre, elle contenait encore un lavabo, un lit, un prie-Dieu, un fauteuil d'osier et deux chaises de paille bariolée. Les murs étaient ornés d'images, et au-dessus du lit, notamment, se voyait une lithographie en couleur représentant l'*Immaculée-Conception*, Marie posant les pieds sur un croissant de lune, avec les douze étoiles autour de la tête.

A l'extrémité de la chambre s'ouvrait la cheminée, portant sur son tablier un buste de la Vierge
et deux grands anges agenouillés en plâtre, tout
vêtus de bleu, avec des ailes roses et tenant des
encensoirs d'or à la main. Plus haut, sur le mur
de la cheminée, pendait au centre une grande
photographie de Léon XIII, ayant à sa droite une
autre image coloriée qui représentait le *Sacré-Cœur
de Jésus*, et à sa gauche une autre encore avec le
Sacré-Cœur de Marie. Ces chromolithographies
étaient d'un art affreux. Jésus aussi bien que Marie
se trouvaient revêtus d'un bleu de ciel parsemé
d'étoiles, et tous deux portaient des cœurs enflammés qu'ils appuyaient sur leurs poitrines. Ces
cœurs étaient d'un ton chocolat, et avaient, à
leur partie supérieure, des espèces de cols qui les
faisaient ressembler à des vases. De ces vases sortaient deux bouquets de feu rouge, au milieu desquels se voyaient, respectivement, une croix et un
lys. Giovanni éprouvait vraiment une souffrance à
regarder tout cela. Il se rappelait une église que
le P. Félix lui avait, un jour, décrite, une église
dans le plus fâcheux style de l'imagerie moderne, où
il y avait « des anges à faire pleurer et un Saint-Sacrement qu'on faisait tourner comme des chevaux

de bois. » Et le jeune homme ne pouvait s'empêcher de voir, dans ce manque de goût d'à présent, un nouveau témoignage contre la valeur
absolue de la foi catholique. Au lieu du Christ
de Cimabue et de la Vierge de Giotto, le catholicisme n'avait plus maintenant que ces horribles
chromos avec des cœurs enflammés sur la poitrine.

Et à cette fâcheuse évolution de l'art catholique
Giovanni comparait l'évolution spirituelle qui
s'était produite depuis le temps des anciens mystiques.

D'autre part, il paraissait incontestable à Giovanni que la religion catholique produisait vraiment des miracles, et en particulier des guérisons
merveilleuses. Les phénomènes de Lourdes étaient
des faits que l'on ne pouvait songer à nier. Et ces
guérisons, dans nombre de cas, — ainsi que l'attes-
taient les médecins impartiaux —, étaient de telle
sorte que la science se trouvait absolument hors
d'état de les expliquer. Des tissus détruits, des
parties du corps gravement endommagées, on les
avait vus brusquemment remis en état. Des
enfants aveugles avaient, à Lourdes, recouvré la
vue, des enfants trop petits pour qu'à leur propos

il pût être parlé d'un effet de simple « sugges-
tion ». Une femme appelée Sophie Couteau avait
été guérie d'un cancer du talon, au point que les
chairs déjà mangées de son pied avaient repoussé
presque instantanément.

De même encore, songeait le jeune homme, il
est sûr que la Sainte Tunique de Trèves accom-
plit tous les ans des prodiges.

Et la pensée de ce sanctuaire allemand de Trèves
ramena de nouveau un sourire sur les lèvres de
Giovanni, au souvenir des cris de triomphe que
les feuilles radicales de tous les pays avaient
naguère poussés en apprenant l'existence de deux
Saintes Tuniques du Christ, l'une à Argenteuil,
l'autre à Trèves. Comme si Jésus n'avait point pu
porter deux vêtements, l'un par dessus l'autre !
Comme si ces messieurs les journalistes radicaux
eux-mêmes avaient coutume d'aller à demi-nus,
n'ayant sur soi que leurs pantalons ! Et cependant
à cette criaillerie imbécile s'étaient même associés
des hommes dont l'intelligence, d'ordinaire, ne
manquait pas de pénétration. Un ouvrage d'histoire littéraire du célèbre critique Georges Brandès, ses *Grands Courants*, avait adopté le même
argument triomphal !...

Giovanni, en présence de toutes ces contradic-
tions, se sentait pris de vertige.

Et cependant il ne se croyait pas, ne se sentait
toujours pas encore **en état de croire.**

XII

Tout le long de l'étage supérieur du couvent où
demeuraient Francesco et Giovanni, courait une
sorte de galerie voûtée, blanchie à la chaux et pavée
de briques jaunes. De cette galerie, on voyait le
toit surbaissé du couvent avec ses tuiles rouges
décolorées par le soleil ; et l'église, qui formait l'un
des côtés du carré du cloître, se dressait, vis-à-vis,
avec son petit clocher, sur le fond merveilleux des
montagnes plantées d'oliviers. Par-dessus la porte
basse du cloître, l'œil découvrait un vaste paysage,
toute la vallée ombrienne, et le torrent du Chiaggio,
dont le lit desséché brillait au soleil d'été, et les
Appennins bleus, et la silhouette lointaine de
Pérouse, de grands palais, de hautes tours, une
ville pareille à un immense vaisseau amarré dans
un port, avec une forêt de mâts.

C'est là que Francesco et Giovanni avaient coutume de venir s'asseoir durant les heures matinales,
avant que la chaleur du soleil pénétrât sous les

arcades blanches. C'est là qu'ils se faisaient servir leur repas de midi, là qu'ils buvaient leur café et revenaient encore causer un moment, après leur sieste. Et c'était là aussi que Giovanni venait volontiers se promener lorsque le jour était trop chaud pour qu'il fût tenté d'errer dans la montagne ; et les pigeons du couvent allaient derrière lui, sur les briques jaunes, avec de petits pas pressés qu'il aimait à entendre.

Le soir, Francesco et Giovanni mangeaient de préférence dans la cuisine. Celle-ci se trouvait à l'extrémité de la galerie, plus haute de quelques marches que les cellules. Dans l'un de ses coins se dressait une longue table massive, et, en face d'elle, s'ouvrait le grand âtre. Et pendant que Giovanni et Francesco restaient assis près de la table, Eugenio, lui, s'affairait devant l'âtre.

Eugenio était un jeune garçon du village. Il était mince et vigoureux, et, malgré ses lourds souliers de gros cuir, il n'avait pas son pareil pour danser la *saltarella*. Mais en même temps il était aussi un excellent artiste en cuisine, ce que les deux amis lui rappelaient régulièrement deux fois par jour, sans que ce flot de louanges lui tournât la tête le moins du monde. Il ne faisait que se pencher plus bas sur ses marmites, dans lesquelles il cuisait des soupes merveilleuses, et sur ses poêles, où il s'entendait à faire frire les choux ou les champignons. Parfois, il remontait la broche qui tournait lentement au-dessus des braises, rôtissant un pigeon ou un chapelet de petits oiseaux ; parfois il ajoutait sur le feu de grandes brassées de bois, et la flamme de l'âtre, brusquement avivée, remplissait gaiement la cuisine entière. Et toujours, pendant ces diverses opérations, il se murmurait quelque chose à soi-même, riait un peu, et de nouveau se murmurait quelque chose. Et toujours c'était un mot quelconque, retrouvé par hasard, qu'il continuait ainsi à se répéter avec les intonations les plus diverses, de manière que l'on pouvait y entendre l'écho des impressions changeantes qui traversaient son âme. Un mot quelconque, le premier mot venu, mais que toujours le digne Eugenio déclinait suivant tous les cas et tous les temps de ce qui se passait au-dedans de lui. Un soir, c'était le problème de la justice qui le faisait rêver ; et alors les jeunes gens entendaient sans cesse, parmi les craquements de l'essence de genévrier et le grondement des flammes, le mot *giustizia, giustizia*, représentant, sur tous les tons, toutes les nuances différentes de l'étonnement, de la colère, de la tristesse, de la résignation. Un autre soir, c'était le clergé, ou bien plutôt encore un certain ecclésiastique, qui occupait la cervelle d'Eugenio ; sur quoi, on l'entendait murmurer indéfiniment : *Il curato da Ripa !* « le curé de Ripa », jusqu'à ce qu'enfin il fût parvenu à la pleine solution de ce nouveau problème.

Lorsque le repas du soir était achevé, Francesco et Giovanni descendaient au village. Sur l'un ou l'autre des hauts escaliers de pierre qui donnaient accès aux maisons, ils ne manquaient pas de trouver assis un petit groupe auquel ils se joignaient. Tantôt ils s'installaient ainsi auprès du vieux Pievano, l'homme riche du village, qui allait vendre en ville son pain et son vin, tantôt auprès de la pauvre Nonnina Vantucci, la vieille grand'mère Vantucci, toujours occupée à pleurer la mort récente de sa petite-fille, et tantôt ils prenaient place sur l'escalier de la maison où demeurait la *bella Dendina*, la charmante jeune veuve dont le mari s'était noyé il y avait quelques mois, un jour qu'il avait voulu se baigner dans le torrent du Chiaggio, très rapide et profond à ce moment de l'année. Le pauvre homme, qui ne savait pas nager, avait été saisi d'une crampe, et jamais l'on était parvenu à retrouver son corps. Depuis le premier jour où Francesco était venu avec le P. Félix à La Rocca, la Dendina s'était prise pour lui d'un intérêt, tout particulier, et cela parce que le jeune homme, lui aussi, était allé se baigner dans le Chiaggio, et avait traversé le torrent à la nage. On l'avait même vu plonger, s'enfonçant sous l'eau, et ressortir à la surface quelques pas plus loin. Et comme, le soir de leur arrivée, ensuite, les deux amis étaient venus s'asseoir dans le village, mêlés à la population de La Rocca, la Dendina s'était approchée d'eux, et, se penchant à l'oreille du jeune Gaetano, toujours prêt à prendre la parole sans l'ombre d'embarras, elle lui avait murmuré :

— Demande un peu à cet étranger s'il a pu descendre jusqu'au fond !

La pauvre femme voulait savoir ce que Francesco avait vu, là-bas, à l'endroit où gisait le cadavre de son mari.

Mais en quelque lieu qu'il plût aux deux amis de venir s'asseoir, ils pouvaient être assurés que bientôt une bonne moitié de la population du village se trouverait rassemblée autour d'eux. De tous les recoins gris des vieilles bâtisses sortaient des figures

diverses, enfants et vieillards, fraîches jeunes filles
et vieilles femmes édentées, jeunes garçons et
pères de famille, et la Dendina, et la Nonnina, la
Marcellina et la Rosina, et Eugenio et Gaetano. Et
les bavardages s'engageaient, et de grands éclats de
rire s'élevaient, surtout lorsque les étrangers racon-
taient quelque chose de spécialement incroyable
sur ces fabuleux pays du Nord où il n'y avait ni
du vin, ni des oliviers, ni de véritable chrétiens.

— Mais on vous baptise tout de même, là-bas ?
demandait enfin l'un des auditeurs.

Sur quoi un autre risquait cette supposition :

— Ou bien peut-être que, là-bas, vous n'avez
point d'eau?

Ce pays n'ayant pas de montagnes, rien n'em-
pêchait que l'eau y fît également défaut.

Souvent aussi, nos amis avaient de la musique.
Un aveugle jouait de la contrebasse, accompagnant
le violon du jeune Gaetano.

D'autres fois, le soir, les jeunes filles chantaient
les cantiques qu'elles avaient appris à l'église,
un beau Noël, *Bambin di Betleemme*, et une hymne
à la Vierge.

Il y avait à La Rocca un chœur organisé de jeunes
filles, ou plutôt un quatuor, et qui offrait cette par-

ticulaité curieuse que chacun de ses quatre membres se trouvait être une enfant abandonnée. Ces quatre jeunes filles, qui possédaient les meilleures voix du pays, avaient été placées là en nourrice, et leurs parents continuaient à payer pour leur entretien ; et, soit que ce fût le chant ou la similitude de leurs destinées qui les eût unies, le fait est que toujours on les voyait aller ensemble et se tenant par le bras.

A l'église, c'était à ces quatre jeunes filles que revenait la conduite du chant ; et l'une d'elles, grande et mince, de qui l'on disait qu'elle était issue de l'une des familles nobles du pays, les comtes Fiumi, la race même de sainte Claire, celle-là avait à s'occuper des fleurs pour l'autel de la Vierge.

Celle-là était proprement la *figlia di Madonna*, et sa haute voix dominait toutes les autres lorsque l'assistance entonnait les litanies de la Sainte Vierge. On avait d'ailleurs, à La Rocca, une façon singulière de chanter ces litanies, avec des accents sauvages, précipités, combatifs, en lançant les *ora pro nobis* comme un cri de bataille à peine articulé.

Mais ce qu'écoutaient le plus volontiers Giovanni et Francesco, pendant ces soirées d'été, c'étaient les *stornelli*, ces strophes infiniment simples et douces qu'ils avaient entendues mêlées au travail des paysans dans la plaine. A peine pouvait-on donner à cela le nom de chant : c'était une mélopée douloureuse et sauvage, quelque chose de triste qui s'élevait, passait rapidement, et s'abaissait pour finir en plainte soupirée ; quelque chose qui vibrait confusément dans l'air, se continuant à l'infini avec la régularité d'un mouvement de vagues.

D'ordinaire, ces *stornelli* étaient chantés alternativement par une voix d'homme et une voix de femme. Un étrange roucoulement de la voix d'homme s'élevait, après quoi la voix de femme chantait la première strophe, qui était comme une plainte tendre, et ne manquait jamais à contenir le nom d'une fleur, — fleur de blé, de menthe, de maïs, de genévrier, etc.

Puis la voix d'homme se précipitait de nouveau, comme sortie soudain d'une embuscade, tombait sur la faible voix de femme, l'étouffait et l'écrasait. Mais bientôt la voix de femme, délivrée de cet assaut, se remettait à couler, argentine et claire, et la strophe s'achevait par une longue ligne ondulée. Cette dernière ligne terminait, comme avec un point, la strophe, qui généralement était d'un caractère galant. Mais sa galanterie même demeurait le plus souvent mélancolique, s'attardant au souvenir des choses disparues, déplorant le passé perdu. Vibrantes et sonores, les rimes claires frémissaient parmi le calme du soir.

Cependant l'ombre de la nuit avait achevé de descendre sur les rues grimpantes de La Rocca, entre ses murs assombris ; et devant les hautes tours noires voletaient silencieusement les chauvessouris, *nottule*, comme on les appelait. Et Giovanni et Francesco se relevaient et souhaitaient la bonne nuit, et de tous les escaliers d'alentour leur répondaient les voix de La Rocca : « Bonne nuit ! bonne nuit, signor Francesco ! bonne nuit, signor Giovanni ! »

Et puis, lentement, les deux amis remontaient vers leur couvent. Et lorsqu'il faisait clair de lune, longtemps encore Giovanni se promenait de long en large sous les arcades de la galerie, considérant le toit gris de l'église et les piliers blancs, qui brillaient sous le reflet de la lune. Là-bas s'étendait la vallée, pâle et immobile ; et plus loin encore étincelaient, comme une rangée de perles, les lumières de Pérouse.

XIII

C'était un samedi soir. Le P. Félix, suivant
l'habitude, était arrivé dans sa légère carriole; les
deux amis avaient bu avec lui leur café de l'après-
midi, en fumant des cigares : après quoi le moine
s'en était allé là-bas, dans la petite sacristie de
l'église, pour sa leçon de catéchisme. Il y était
resté jusqu'à l'heure des vêpres, et puis, seul dans
l'église à demi enténébrée, sous les hautes figures
de saints peintes à fresque, il avait récité son
office. Enfin, il était revenu vers ses deux amis,
avec lesquels il avait soupé ; et maintenant les
trois habitants de l'ancien monastère s'étaient assis
en bas de La Rocca, près d'une source qui jaillissait devant l'ancienne porte du château fort.

L'obscurité avait désormais fini de se répandre,
et seul un petit croissant de lune scintillait faiblement au-dessus des montagnes lointaines. Aussi
le P. Félix avait-il pris soin d'apporter une lan-
terne, qui éclairait les trois figures, les deux amis

vêtus de leurs costumes d'été gris, tandis que
le P. Félix portait l'habit noir, aux plis nombreux,
des Franciscains conventuels. Tous trois étaient
assis sur le sol poussiéreux, car il n'y avait plus
trace de gazon, à cette période avancée de l'été. Et
derrière eux murmurait l'eau de la source.

Bien qu'il eût à peine dépassé quarante ans, le
P. Félix avait derrière soi une existence des plus
remplies. De naissance, il était Hollandais, mais
issu de la partie catholique de la Hollande. Dans sa
jeunesse, il avait passionnément admiré la lutte de
Multatuli pour la vérité et la justice, mais sans être
en doute un seul instant, pour son propre compte,
de la voie où il devait s'engager. Il se rappelait
encore avec un frisson de crainte respectueuse le
jour de sa première messe, le moment solennel
où, debout au pied de l'autel, il avait récité pour
la première fois le psaume initial *Judica me Deus*,
et ensuite le moment de la consécration, où l'émotion pieuse l'avait accablé au point qu'il avait
dû s'interrompre, tout en larmes. De Hollande,
les supérieurs de son ordre l'avaient envoyé en
Belgique, où durant maintes années il avait été
prédicateur recherché, puis, pendant quelque
temps, il avait séjourné à Paris, pendant quelque

temps aussi en Allemagne ; de là, il était venu à Marseille, et enfin de Marseille à Assise, où, depuis six ans déjà, il remplissait les fonctions de premier sacristain de la basilique de Saint-François et de confesseur pour les étrangers qui venaient à Assise.

C'était un homme grand et robuste, aux fortes épaules, avec un visage qui n'était pas sans rappeler celui de Gœthe. Il aimait beaucoup la conversation, et jamais les trois habitants de La Rocca, le samedi, ne se mettaient au lit avant une heure du matin. Et toujours c'était le P. Félix qui, en parfait maître de maison, régalait ses amis des nombreux récits contenus dans l'inépuisable trésor de sa mémoire.

Ce soir-là, il leur parlait de Louise Lateau, cette jeune fille belge qui, tout à fait comme saint François, avait porté sur son corps les stigmates de la Passion du Christ. Jusqu'à sa mort, cette jeune fille avait été visitée non seulement par de pieux fidèles, mais aussi par un très grand nombre de médecins et de savants de tous les pays. Ces derniers, — le professeur Rohling, le docteur Lefebvre, le docteur Imbert-Gourbeyre, — avaient observé en elle toute sorte de choses prodigieuses, qu'ils avaient décrites avec précision dans leurs rapports. Ils l'avaient vue, pendant une extase, soulevée du lit où elle se tenait à genoux, soulevée dans les airs ainsi, à genoux, comme si des mains d'anges l'avaient soutenue. Le P. Félix lui-même avait assisté à ce miracle. Une autre fois, pendant qu'il offrait le sacrement de l'autel, il avait senti l'hostie spontanément entraînée de sa main dans la bouche de Louise Lateau, et l'avait vue pénétrer de soi-même entre les lèvres de la malade. Il avait pu aussi s'assurer de la façon la plus certaine que, en vérité, l'unique nourriture de Louise consistait dans le sacrement qu'elle recevait chaque jour ; et, un vendredi, il avait vu saigner les plaies de ses mains et de ses pieds, ainsi qu'elles saignaient tous les vendredis. Cette Louise Lateau est morte il y a peu d'années. Sa mort s'est produite un Vendredi Saint, vers trois heures de l'après-midi. Et tout le monde a pu voir couler de l'eau et du sang par la plaie de son côté.

Giovanni, assis à terre, considérait attentivement le visage du P. Félix, pendant que celui-ci racontait tout cela. Il n'avait aucun doute sur la parfaite honorabilité et loyauté de son vénérable ami ; et, en conséquence, il ne songeait pas non plus à douter de l'exactitude de cette stigmatisation de Louise Lateau, ni des autres miracles qu'il entendait raconter. Mais, en même temps, il observait en soi-même un phénomène étrange. Il découvrait que, instinctivement, il y avait en lui une répugnance contre ces miracles, et que, de toutes les forces de son âme, il luttait contre l'idée de leur attribuer la même signification qu'ils avaient pour le P. Félix et pour Francesco. Il observait en soi-même un mauvais vouloir manifeste contre l'admission de la foi catholique ; et, pour la première fois dans sa vie, une vague pensée lui traversa l'esprit que, peut-être, il se mentait à soi-même en s'imaginant, comme il l'avait fait jusqu'alors, qu'il ne cherchait rien autre que la pure et simple vérité, tandis que, en fait, il y avait certaines opinions pour lesquelles il éprouvait une préférence, et qu'il tâchait, par suite, à se démontrer comme vraies et justes, et d'autres opinions qui lui déplaisaient, et sur lesquelles, en conséquence, il imprimait arbitrairement l'étiquette d'erreurs ou de mensonges.

« Et qui sait, se disait-il, si toute ma libre-pensée, peut-être, ne repose pas sur une illusion intérieure de cette espèce ? qui sait si tous mes arguments, toutes mes objections qui me paraissent impartiales, n'ont pas été simplement des excuses que je me suis données à moi-même pour mon incrédulité, des barricades derrière lesquelles je me suis retranché pour ne point céder à une force à qui je ne voulais point me rendre ? » Peut-être même son indignation morale contre les bûchers des hérétiques et l'Inquisition, peut-être son mépris pour le formalisme et pour le manque de goût qu'il croyait découvrir dans telle dévotion populaire, peut-être tout cela n'avait-il été que des armes au moyen desquelles il avait cherché à écarter de soi les croyances de l'Église ? Car enfin il savait trop que l'infaillibilité de l'Inquisition, notamment, n'avait jamais été un dogme, et que toute l'école issue de Lacordaire, en particulier, la condamnait expressément. Et quant à ces petites dévotions qui lui paraissaient trop formalistes et de mauvais goût, quel droit avait-il à les critiquer ? Si Dieu daignait les admettre comme bonnes et véritables, lui-même pouvait seulement voir là une nouvelle preuve que Dieu était moins difficile et exigeant que lui, avec moins d'orgueil et moins de prétention, avec une vue des choses infiniment plus simple et moins emphatique que n'en apportait à tout cela sa misérable créature, le signor Giovanni !

Mais, en ce cas, toutes ces objections en apparence si bien fondées, tous ces arguments et toutes ces indignations n'avaient donc été rien d'autre que des pièges, et, en ce cas, des pièges tendus par la main de qui ?

Cette dernière et redoutable question continua de préoccuper Giovanni longtemps après qu'il se fût trouvé seul dans sa cellule, au premier étage de l'ancien couvent.

Oui, qui donc était-il, celui qui travaillait en lui ? qui donc était-il, celui qui lui soufflait tous ses doutes, toutes ses révoltes scandalisées ? qui donc était-il, celui qui parlait en lui avec la voix d'un ange de lumière, se réclamant toujours de la vérité et de la justice ? Et pourquoi donc lui-même, Giovanni, ne voulait-il pas croire ?

Le jeune homme errait, d'un pas précipité, dans sa cellule, inquiet et angoissé. Par instants il aurait désiré se jeter à genoux sur le prie-Dieu, devant le crucifix ; mais il sentait son cœur, dans sa poitrine, aussi dur, et froid, et pesant que s'il eût été changé en pierre. Et pour la première fois il comprit nettement que son refus de croire n'était pas du tout un effet de son intelligence,

mais bien de sa sensibilité et de sa volonté ; que
ce refus de croire n'avait pas son fondement dans
une pensée droite et impartiale, mais dans un
cœur qui, résolument, se détournait du bien,
dans une âme qui s'était livrée aux voix de
l'abîme et aux suggestions de l'ange des ténèbres.
Une clarté désespérante s'était répandue tout à
coup sur toutes choses, devant ses yeux. Il se rappelait de quelle façon l'incrédulité l'avait séduit
d'abord, par la perspective de la liberté qu'elle lui
avait permise, et comment ensuite, pas à pas, il
s'était vu forcé d'expulser la foi de son âme, de
chercher sans cesse de nouveaux arguments contre
la révélation, et, pour ainsi dire, de l'exorciser
hors de son cœur.

Il avait voulu être incrédule, et voilà pourquoi
il était incrédule, voilà pourquoi il ne cessait point
de travailler à se pénétrer de la justesse de l'incrédulité ! Et certes il lui avait fallu un dur et long
combat avant de réussir à extirper de son âme
toutes les fleurs de la foi, avant de pouvoir se
convaincre soi-même de l'avantage qu'il y aurait
pour lui à mettre désormais toute sa confiance
dans cette critique biblique et ces sciences naturelles « modernes » qui, suivant ce qu'on lui

affirmait, auraient de quoi lui offrir la plus complète apologie pour son incrédulité, la plus complète permission de né plus croire !

Oui, c'est ainsi que les choses s'étaient passées pour lui, et non pas autrement. Impossible désormais de recourir à de grands mots, de faire des phrases sur la lutte au nom de la vérité et de la justice contre l'Église du mensonge et de l'injustice ! Tout cela n'était que pure « blague », que prétextes conscients ou inconscients et déloyales excuses derrière quoi, trop longtemps, il s'était caché, afin de ne pas regarder en face la vérité éternelle.

Car la vérité est sévère, elle exige et commande. Et l'incrédulité, elle, nous permet de nous attarder dans notre bon plaisir, où nous nous sommes installés comme dans une demeure infiniment commode. Oui, et cela tandis que le Fils de l'homme n'a pas d'endroit où reposer sa tête !

Giovanni courut vers la fenêtre grillée de sa cellule. Il se sentait remué jusque dans les sources les plus profondes de son être. Et pourtant tout cela ne gardait toujours encore, pour lui, qu'une clarté et une certitude purement théoriques, sans vouloir se transformer en pratique pieuse, en prière.

Au dehors, le souffle de la nuit bruissait doucement dans le feuillage des oliviers. Les étoiles
projetaient leur reflet d'argent sur ce feuillage
délicat. Et, au loin, tintait la clochette fêlée sus-
pendue au cou d'une chèvre dont Giovanni entendait parfois le vague bêlement. Et le jeune homme
resta longtemps appuyé au grillage de la fenêtre,
écoutant au loin, dans la nuit, ce son mélancolique d'une clochette fêlée.

XIV

Des coups énergiques furent frappés à la porte
de Giovanni, et la voix d'Eugenio cria, du dehors :

— Il est temps de se lever !

Giovanni se réveilla, se détira dans son lit,
écouta les sabots d'Eugenio claquant dans la
galerie, entendit la même main frapper à la porte
de Francesco, et la même voix crier qu'il était
temps de se lever. Après quoi les pas d'Eugenio
claquèrent de nouveau sur les briques, et gravi-
rent les marches qui conduisaient à la cuisine. Et,
au même instant, la petite cloche de l'ancienne
église du couvent vibra, d'un son net et régulier,
annonçant la messe. Giovanni s'élança hors de son
lit et écarta les volets de sa fenêtre. Il faisait
encore à peine jour : dans la demi-obscurité de
l'aube, le feuillage des oliviers se dessinait, immobile et délicat, comme d'argent. Là haut, dans la
montagne, un petit nuage de fumée montait de la
cheminée d'une maison.

Giovanni se hâta de se lever et de s'habiller : car un coup d'œil sur sa montre lui avait appris que la cloche devait avoir sonné déjà pour la troisième fois. Puis il courut jusqu'à la porte de sortie du couvent, et, à quelques pas plus loin, ouvrit la porte qui donnait accès dans l'église. Et au moment où il entrait, voici que le quatuor des jeunes « abandonnées » de La Rocca entonnait le chant qui commençait la messe :

« Au nom du Père, et du Fils, et du Saint-Esprit. Amen. »

Chacun des versets de ce chant était séparé du reste, et la mélodie avait quelque chose de merveilleusement lent, presque de plaintif, malgré l'élévation des voix. Au même instant, Giovanni vit sortir de la sacristie le P. Félix, revêtu de ses ornements sacerdotaux, coiffé d'une barrette noire, et suivi d'un enfant de cœur qui portait l'encensoir et le gros missel.

Après la messe, le P. Félix avait l'habitude de donner la bénédiction du Saint-Sacrement. Mais, ce jour-là, il avait résolu d'ajouter à cette bénédiction une procession solennelle, pour demander à Dieu la faveur de la pluie. Car depuis un mois et demi pas une goutte d'eau n'était tombée, et les

chênes au bord de la route se trouvaient dépouillés
de presque toutes leurs feuilles, dont on avait dû
se servir pour la nourriture du bétail. La pluie
était indispensable, sous peine d'une ruine complète pour les habitants de La Rocca.

Aussi le P. Félix, du haut de l'autel, annonça-
t-il à l'assistance « que l'on allait essayer de faire
violence au ciel », en redoublant de pieuse fer-
veur. Et bientôt la petite procession sortit de
l'église. En tête s'avançait un crucifix, puis toute
la troupe des femmes, et enfin le P. Félix, précédant le groupe des hommes. Giovanni et Francesco se placèrent au premier rang de ceux-ci.

Dans la pleine lumière du soleil, au dehors, la
procession serpentait sous les oliviers, longeant
l'une des ailes du couvent. Les nombreux fichus
bariolés des femmes étincelaient joyeusement. Et
de toutes les gorges s'élevaient, vers le ciel impi-
toyablement bleu et chaud, les litanies de la Sainte
Vierge, bienfaitrice des fidèles, refuge des pêcheurs.

Le but dernier de la procession était une petite
statue de la Vierge qui se trouvait placée dans la
niche d'un mur, à mi-côte de la montagne. Lorsque
le cortège y fut parvenu, la procession s'arrêta et

les chants se turent. Les hommes se massèrent d'un côté, les femmes de l'autre. Le P. Félix gravit quelques marches, puis, arrivé devant la statue, se retourna vers l'assistance, tenant le crucifix dans ses deux mains. Grand et imposant, il se dressait là, parmi l'éclatante lumière, et pendant que tous tombaient à genoux et que toutes les têtes se baissaient humblement, il dessina, avec le crucifix, un ample signe de croix sur la campagne inféconde.

De nouveau, la foule entonna les litanies ; de nouveau, la procession se mit en rangs, et bientôt tout le monde fut réinstallé dans l'église où, maintenant, le prêtre donnait la bénédiction.

Pendant toute la journée, ensuite, un silence anxieux pesa sur La Rocca. Le soir, personne ne chanta dans le village, et les deux amis, qui y étaient allés faire leur promenade habituelle, purent entendre, dans nombre de maisons, des voix occupées à réciter le rosaire. Tous deux, Francesco et Giovanni, ce soir-là, se mirent au lit de bonne heure.

Et, le lendemain matin, Giovanni s'éveilla très tôt, tout de suite après que l'aube eut commencé de poindre. Il avait laissé ouverts les volets de sa fenêtre, et, bien vite, il s'élança de son lit pour regarder au dehors : au ciel, là-haut, roulaient de sombres et pesants nuages de pluie, comme ceux que l'on voit dans les pays du Nord, un matin d'automne. Marie avait exaucé les prières de La Rocca !

Lorsque Giovanni sortit de sa chambre et pénétra dans la galerie, Eugenio se tenait là, les yeux fixés sur les nuages.

— Voyez ! voici la pluie qui vient ! s'écria Giovanni tout radieux en l'abordant.

Le pauvre Eugenio, cependant, avait l'air de craindre encore une déception.

— Non ! vous verrez qu'elle ne viendra pas ! murmura-t-il prudemment, avant de rentrer dans sa cuisine auprès de la casserole au café.

Mais plus tard, dans la matinée, la pluie commença à tomber, aussi bien à La Rocca que là-bas à Assise.

Et Giovanni eut l'impression que ces gouttes pesantes et tièdes tombaient sur son cœur, et réussissaient à y fondre une partie de la croûte de glace qui s'y était formée.

XV

Oui, mais en ce cas, il avait le devoir de prendre la chose au sérieux et se décider ; en ce cas, il devait tâcher vraiment à se faire admettre dans l'Église ; il devait s'adresser au P. Félix, se confesser à lui, lui demander l'absolution ! Giovanni se releva de son fauteil d'osier, et se mit à marcher de long en large dans sa cellule.

Huit jours s'étaient écoulés depuis le prodige de la pluie, et, chaque jour, Giovanni avait eu avec soi-même de longs entretiens intimes qui, toujours, avaient abouti à un seul et même point : « En ce cas, son devoir était de prendre la chose au sérieux et de se décider ! » Et toujours il en était resté là, comme un cheval qui s'arrête au bord d'un fossé, et refuse d'avancer. Jamais, décidément, il ne parviendrait à s'imposer une résolution aussi tranchée et définitive que celle d'avoir à s'agenouiller devant un prêtre et à lui raconter toute sa vie, avec tous les péchés dont elle était remplie !

Mais n'était-ce pas seulement parce qu'il avait honte, parce qu'il ne pouvait pas supporter l'idée d'étaler devant un autre homme toute son ordure intérieure, cachée jusqu'alors sous le revêtement de l'éducation et de la politesse mondaine ? Oui, cela était ainsi ; il le savait dans l'intime loyauté de sa conscience. Il avait honte devant le P. Félix, il ne pouvait se résigner à lui dévoiler son ignominie, à lui découvrir les plaies de son cœur. Et pas davantage il ne l'aurait osé en présence d'un autre prêtre. Non, c'était bien à celui-là qu'il aurait à s'adresser ! Il aurait à lui faire une confession de cinq heures, comme celle que le P. Félix racontait avoir, un jour, entendue !

Et, sans trop se rendre compte de ce qu'il faisait, voici que Giovanni commença à étudier de plus en plus assidûment, dans son livre de prières, le chapitre de la pénitence ! Il s'examina avec soin sur chacun des péchés que mentionnait le livre, et force lui était de s'avouer « coupable » sur chacun d'eux, l'un après l'autre, sans en excepter un seul. Il éprouvait tout à fait l'impression de fouiller dans un tas d'immondices. De vieilles choses, depuis longtemps oubliées, ressuscitaient brusquement et lui criaient : « Ne te souviens-tu plus de moi ? » Et d'autres voix, s'élevant du plus profond de son passé endormi, répétaient à leur tour : « Et de moi ?... et de moi ?... » Non, jamais il ne trouverait le courage de projeter cet amas répugnant devant les pieds d'un autre homme !... Mais comme tout cela le torturait ! Il lui semblait que son âme se fût, tout à coup, remplie de linge sale.

Et il sentait dans son cœur que ce poids lui serait allégé et cette douleur adoucie, dès l'instant où il consentirait à avouer tout cela, à essayer de s'en purifier. Ce serait pour lui comme une guérison d'une très ancienne et cruelle maladie.

Oui, mais il était trop lâche pour appeler le médecin, trop lâche pour faire le grand pas, le pas décisif et sauveur !

Un moment, il s'accouda à la fenêtre et regarda au dehors. Le feuillage gris des oliviers étincelait au vif soleil du matin, et la montagne se dressait toute haute, couronnée d'une rangée de grands chênes dont la ligne crénelée se dessinait contre le bleu du ciel.

Il y avait eu des années de sa vie où ce spectacle lui aurait suffi, où toute son existence ne consistait qu'à regarder, à jouir, à savourer doucement la beauté du monde. Ces années n'étaient même pas encore bien lointaines. Mais à présent c'était comme si une étrange inquiétude le poussait en avant, et la beauté des choses ne lui procurait plus aucun repos. Il compris soudain les paroles du Christ sur le feu qu'Il était venu apporter au monde. « Et déjà il sentait ce feu du Christ qui soufflait en lui et le consumait.

Par habitude de psychologue, il chercha dans sa mémoire à quel moment la première étincelle avait bien pu tomber en lui, cette première étincelle qui l'avait secoué de son repos et longtemps avait couvé en lui avant que la flamme éclatât. De très bonne heure, les penseurs et les poètes catholiques l'avaient occupé : mais ce n'avait été qu'une curiosité purement théorique, un simple intérêt de dilettante. Les vues de ces écrivains lui avaient paru nouvelles, leurs expressions saisissantes, et toujours les choses nouvelles et saisissantes avaient eu pour lui un attrait infini.

Ce n'était pas non plus une visite à un ami, dans un couvent de l'Allemagne du Sud, qui avait pu exercer sur lui la moindre influence. Au contraire, il s'était senti mal à l'aise, dans ce milieu inaccoutumé, et avait même abrégé son séjour, afin de se retrouver bientôt en plein air, dans le libre monde ensoleillé.

Mais il y avait eu, peu de temps après, un certain soir, un soir dans une ville suisse, un soir passé à Lucerne. Il y était arrivé vers la fin de l'après-midi, sous une pluie torrentielle, et pendant que le tonnerre roulait sur la cime du mont Pilate enveloppé de nuages. Après son dîner, le jeune homme était sorti de l'hôtel. La pluie avait cessé ; le ciel se déployait, clair et frais, au-dessus de la Reuss jaune, aux eaux impétueuses. Il avait suivi la rive du torrent, tout rempli de bien-être, égayé par la nourriture et le vin. De jeunes femmes en toilettes claires avaient passé lentement près de lui, l'avaient regardé, et, lentement, s'étaient éloignées. La nuit commençait à tomber, et toutes les pensées du jeune homme n'appartenaient qu'à ce monde terrestre.

Mais voici que, dans une rue obscure où le hasard de sa flânerie l'avait engagé, une vive lumière était apparue devant lui, accompagnée d'un chœur de voix enfantines ! Il avait aperçu un portail d'église ouvert, et s'était rendu compte que toutes les lumières se trouvaient allumées sur le maître-autel. Et, machinalement, il était entré.

Très haut, au-dessus de la foule compacte des fidèles, il avait vu un crucifix illuminé du reflet des cierges. Et puis un prêtre s'était avancé, avait pris sur l'autel l'ostensoir d'or, l'avait soulevé, et avait béni la foule agenouillée. Et lui aussi, Giovanni, s'était trouvé à genoux au milieu de cette foule, comme poussé à cela par une force irrésistible ; et, dans le profond silence du recueillement et de la prière, il avait senti que, à cette minute, *quelqu'un* était près de lui.

Et lorsque tout le monde était sorti de l'église, et que toutes les mains s'étaient tendues vers le bénitier du seuil, sa main aussi avait fait le même geste. Et le contact de cette eau bénite sur ses doigts lui avait procuré une fraîcheur délicieuse, telle que jamais encore il n'en avait éprouvé, et vraiment ç'avait été comme s'il avait senti qu'une force mystérieuse se répandait en lui. Il avait touché son front des doigts ainsi mouillés et, de nouveau, il avait ressenti, dans ce contact, quelque chose de merveilleusement *fort.*

Et, depuis cette soirée de Lucerne, le feu du Christ avait brûlé dans son cœur. Mais son cœur n'avait pas voulu se laisser consumer par ce feu.

Son cœur avait tâché à l'étouffer, à l'éteindre,
si c'était possible ; car son cœur craignait de
s'abandonner à cette flamme qu'il savait venir
de Dieu et qui voulait remonter vers Dieu,
la flamme de l'amour, dont l'objet est le bien
suprême.

« Et puis, pour finir, toujours le même résultat !
— se dit Giovanni, en arrivant au terme de son
mélancolique examen de conscience. — Si Dieu
ne se décide pas à faire un coup d'état, jamais il
ne réussira à établir sa domination en moi. Et ce
coup d'état, c'est précisément ce que je crains le
plus ! »

Après quoi il s'occupa de réunir certains objets
de toilette, et de les ranger dans un petit sac de
voyage. Car il était obligé de se rendre à Assise,
pour un jour ou deux, et il avait songé que le
P. Félix, qui était venu célébrer la messe à La
Rocca, allait pouvoir l'emmener en ville dans sa
petite voiture.

Bientôt, le prêtre et lui descendirent parmi les
rues de La Rocca. De toutes les portes et de toutes
les fenêtres, des appels affectueux les accompa-
gnaient, et partout ils voyaient s'incliner respec-
tueusement des têtes jeunes et vieilles. « Bon

voyage, Père Félix ! — Au revoir, signor Giovanni ! »

Et les voici roulant sur la route, le long d'une campagne toute plantée d'oliviers ou d'ormes aux troncs enlacés de vigne, entre des chênes qui donnaient un peu d'ombre, ou bien devant des statues de la Vierge et à travers de petits villages de pierre grise !

Giovanni avait déjà plusieurs fois accompli ce voyage en compagnie du P. Félix, et, chaque fois, il avait plus ou moins éprouvé la tentation de s'ouvrir un peu au prêtre, son ami ; mais celui-ci avait toujours une attitude si polie et réservée, et toujours lui avait raconté tant de choses intéressantes, dans son français nuancé d'accent belge, que Giovanni avait reculé devant cette tentative comme devant une véritable folie. Et, cette fois encore, les deux amis parvinrent jusqu'à l'endroit où la basilique et le couvent de Saint-François se révèlent au voyageur empoussiéré, sur leur crête abrupte, et lui annoncent l'approche d'Assise ; cette fois encore, ils achevèrent leur promenade sans avoir échangé entre eux que des paroles indifférentes.

Au pied de la montagne, Giovanni descendit de

la voiture et se dirigea vers Assise par un chemin plus court, mais plus escarpé, pendant que le P. Félix suivait lentement la grande route qui ne débouche devant la porte de la ville qu'après de nombreux détours.

XVI

Et le temps s'était écoulé, l'été avait passé, on était au mois de septembre. Dans les champs autour de La Rocca, les habitants de la petite ville s'occupaient à faire la récolte du raisin. Francesco et Giovanni se tenaient auprès d'eux, les regardant faire, tandis que les rayons d'un soleil doré filtraient parmi le feuillage vert; ils entendaient le bruit sec des tiges rompues d'un coup de ciseau au-dessus de leurs têtes, ou bien considéraient à leurs pieds, dans l'ombre, de hautes corbeilles toutes pleines d'un raisin doré ou teinté de bleu. Les jeunes filles, de temps à autre, offraient aux deux amis de belles grappes à goûter, et l'on riait beaucoup : c'était la saison de la récolte bénie.

Mais, avec cela, on pouvait se rendre compte déjà de l'approche de l'hiver. Le dimanche matin, après la messe, lorsque la campagne s'étalait, d'un brun doré, au soleil, les contours lointains des montagnes se dessinaient avec une précision de mauvais augure, et, sous la lumière plus fraîche, les maisons de Pérouse brillaient comme un banc de coquillages blancs, et l'on voyait surgir à présent de petites cités, à l'autre extrémité de la plaine, que, jusqu'alors, la buée du soleil d'été avait cachées; on y entendait sonner les cloches, et il n'y avait pas jusqu'à la fumée des maisons que l'on n'y vît nettement s'élever, dans l'air calme du matin.

Et puis la récolte se poursuivit, toutes les grappes furent mises au pressoir, et l'on goûta la saveur douce et trouble du vin nouveau. Et voilà que, un matin, on put voir de La Rocca la vallée entière recouverte d'une couche de brouillard lilas, et dans les gorges des Apennins de lourds nuages s'étaler jusque vers le milieu du jour, comme des lacs violets ; et le soir, la lune brillait d'une lumière blanche et vive, et les montagnes étaient pâles comme des crânes de morts ; et, lorsque le vent s'élevait, on entendait les oliviers frémir d'un bruit sec de squelettes.

Pour Giovanni, le temps approchait de se remettre en route. Trop longtemps déjà, il avait joui de l'hospitalité de La Rocca. Et, cependant, toujours il ajournait son départ, ne pouvant se résigner à quitter La Rocca avant que *quelque chose* se fût accompli dans son âme, avant qu'il fût parvenu au repos et à la lumière.

Un soir, incapable de contenir désormais en soi le doute qui l'accablait, il avait fait sa confidence à son ami Francesco. Et l'ami avait pleuré avec lui sur les tourments dont il souffrait, et tous deux avaient prié ensemble. Cela était arrivé un certain soir où tous les deux se trouvaient à Assise ; et quand ensuite Giovanni, tard dans la nuit, était resté seul dans sa chambre, assis devant sa fenêtre, tantôt contemplant la vallée ombrienne qui se déployait au-dessous de lui, immobile et sombre, tantôt levant les yeux sur la voie lactée qui surgissait, pareille à une colonne de feu, derrière la montagne, voici qu'il avait éprouvé au fond de son âme une merveilleuse impression de paix, l'impression de la double paix de l'aveu et du pardon !

Et le lendemain matin, les deux amis avaient entendu ensemble la messe, là-haut, à l'extrémité supérieure de l'une des ruelles grimpantes d'Assise, dans une petite chapelle de couvent où tout avait un éclat de fête, et où Giovanni, pendant qu'humblement il se tenait à genoux parmi l'humble foule des fidèles, avait senti que, de nouveau,

quelque chose se fondait en lui, avec cette émotion
qu'éprouve l'âme lorsque, suivant le mot d'un
écrivain français, « elle repose dans l'amour divin
comme un morceau de glace dans la main du Père
céleste ».

Francesco avait eu un entretien avec le P. Félix,
et celui-ci avait demandé aux saintes d'Assise, les
religieuses du couvent de Saint-André, leur inter-
cession en faveur du jeune homme. Giovanni
avait vu, un jour, ces religieuses, dont la pauvreté
était légendaire dans la ville, et qui partageaient
leur temps entre la lessive du linge d'église et
la contemplation extatique. Ce jour avait été l'un
des dimanches où il était venu à Assise avec le
P. Félix, et c'est en compagnie du prêtre qu'il
était entré dans la chapelle Saint-André, où se célébrait un salut solennel. Un grillage, ordinairement
recouvert d'un rideau, séparait du reste de la chapelle le lieu où se tenaient les religieuses du couvent : mais, ce soir-là, le rideau avait été enlevé, et
Giovanni avait pu apercevoir, derrière les barreaux
dorés, une grande salle remplie des derniers rayons
du soleil. Et, parmi cette lumière d'or, se mou-
vaient les nonnes avec leurs amples coiffes de toile
blanche, pareilles vraiment à des anges et à des

saintes dans la splendeur du paradis. Elles s'étaient même avancées jusqu'à la grille en voyant le P. Félix. Elles avaient causé avec lui, et le religieux avait fait approcher Giovanni pour le présenter à la mère-abbesse. Et Giovanni s'était senti tout troublé en regardant cette lumière, ces cornettes brillantes, ces visages d'une blancheur presque surnaturelle, et c'est à peine s'il avait entendu et compris les affectueuses paroles que lui adressait l'abbesse, lui exprimant sa joie de connaître l'hôte et le protégé du couvent de Saint-François.

Et le lendemain il était retourné, pour entendre la messe, dans cette chapelle où il savait que des saintes priaient pour lui. Tout le long du jour. ensuite, il était demeuré comme enivré ; et le soir, ce jour-là, il avait eu une profonde sensation de sécurité, avec plus de confiance dans la vérité de la foi catholique que jamais encore il n'en avait éprouvé.

Mais après cette belle soirée était venue une fraîche matinée d'automne ; et ç'avait été alors comme si, dans cette lumière pâle, tout ce qui appartenait à l'Église et au Christ se fût dissipé, tel qu'un nuage nocturne, tandis que Giovanni avait vu s'étendre devant lui la vie réelle, grande, riche, heureuse, et féconde comme la vallée ombrienne avec toutes ses villes et toute sa campagne. Aussi bien ses soirées pouvaient-elles souvent être chrétiennes : mais ses matinées étaient toujours incrédules, païennes.

Et une fois de plus, dans son perpétuel dialogue intérieur, il se demandait s'il faisait bien d'oser ainsi résister à Dieu ? Était-ce donc qu'il se considérait comme trop parfait pour croire, lui qui, précédemment, avait si volontiers consenti à tant d'autres choses ? Mais tout cela rebondissait sur la cuirasse qui entourait son cœur.

Un soir de la fin de septembre, son ami Francesco lui avait demandé s'il ne voudrait pas prendre part, avec lui-même et le P. Félix, à une excursion qu'ils avaient, depuis longtemps déjà, projeté de faire à Montefalco ; et Giovanni avait naturellement consenti.

Montefalco est une petite ville située dans la partie méridionale de la vallée ombrienne, et célèbre surtout pour avoir donné naissance à sainte Claire de Montefalco. Cette sainte Claire, qu'il ne faut pas confondre avec son homonyme d'Assise, vivait vers la fin du xiiie siècle. Sa pénétration de tous les mystères théologiques avait dépassé en profondeur celle des plus savants docteurs, et il n'y avait pas non plus un problème si obscur de casuistique morale qu'elle ne le résolût en perfection. Aujourd'hui encore, l'église principale de Montefalco conserve son corps absolument intact, comme aussi, dans une châsse particulière, son cœur embaumé où l'on affirme que se voyaient reproduits tous les instruments de la Passion du Christ : la croix, le fléau de la flagellation, la couronne d'épines, les clous et les tenailles. Enfin l'on conserve également, dans cette église, trois petites boules, tout à fait pareilles l'une à l'autre, que l'on dit avoir été découvertes dans le cœur de la sainte, pendant qu'on l'embaumait. Et l'on veut que chacune de ces trois boules ait le même poids que les deux autres, en ajoutant que, de plus, si l'on pèse ensemble deux d'entre elles, ces deux boules réunies ont le même poids qu'une seule. On reconnaît là un symbole du mystère de la Trinité[1].

[1] Dans ses *Pèlerinages Franciscains*, écrits dix ans après le *Livre de la Route*, M. Johannes Jœrgensen nous a appris que cette légende des trois boules de Montefalco qui, — comme on le verra, — a failli détruire en lui tout l'effet d'un long travail intérieur de conversion au catholicisme n'est rien autre qu'une superstition locale, d'origine toute récente, et fondée sur une simple erreur d'interprétation. On trouvera d'ailleurs ci-dessous, en appendice au chapitre suivant, la reproduction de ce passage entier des *Pèlerinages*, qui pourra servir de contre-partie aux pages, plus anciennes, du *Livre de la Route*. (Note du traducteur.)

Le lendemain, à Assise, Francesco avait annoncé à Giovanni qu'une quatrième personne devait prendre part, avec eux, au « pèlerinage » de Montefalco : un prêtre romain des plus érudits, professeur dans un séminaire, et qui séjournait alors à Assise pour y recueillir des documents en vue d'un certain procès de béatification. Et comme le jour de la fête de saint François approchait, et que le P. Félix avait besoin d'être de retour à Assise dès la veille de ce jour, les « pèlerins » avaient résolu de se mettre aussitôt en chemin pour Montefalco, de telle façon que le départ avait été définitivement fixé pour le matin suivant.

XVII

Dans le demi-jour froid du matin, Giovanni et Francesco montaient l'une des rues étroites et abruptes d'Assise, se dirigeant vers l'église Saint-André. La ville dormait encore, et entre les deux rangées de hauts murs blancs la rue s'allongeait, silencieuse et vide. Tout à fait dans le haut, seulement, une forme grise se glissait sans bruit.

Cette forme grise continua de précéder les deux amis sur les marches des ruelles jusqu'à ce qu'ils eussent atteint l'église Saint-André. Là, elle se faufila dans l'église par la porte entr'ouverte, avant qu'ils pussent même distinguer si c'était un homme ou une femme. En tout cas, son objet était, comme celui des deux amis, d'entendre la messe du matin à Saint-André.

Cette messe était dite par le professeur romain, et les deux amis avaient voulu y assister avant de partir avec lui pour Montefalco.

Dans l'église entièrement sombre, ils eurent à

tâtonner avant de trouver la rangée des bancs, se heurtant plus d'une fois à des figures agenouillées, le rosaire en main : mais enfin ils se découvrirent une place sur un banc vide.

Peu de temps après, un enfant de chœur se montra, qui se mit à allumer les cierges de l'autel. Et puis ils virent sortir de la sacristie le professeur lui-même, avec un autre enfant de chœur. Et la messe commença.

Ce professeur lisait sa messe d'une voix rapide et monotone, comme s'il n'eût attaché aucune signification aux mots qu'il prononçait. Et le son de sa voix produisit une impression déplaisante sur Giovanni.

Le professeur était un homme grand et maigre avec un visage dont les traits n'étaient sans rappeler à Giovanni le portrait bien connu du poète français Charles Baudelaire.

Après la messe tous les voyageurs prirent ensemble le café, au parloir du couvent. Mais huit heures n'avaient pas encore sonné aux clochers de la ville, que déjà une voiture roulait par les rues d'Assise, emportant les quatre pèlerins. La matinée était particulièrement fraîche, et la pluie menaçait. Le professeur s'était assoupi, et quelques rares paroles étaient coupées de longs intervalles de silence. Ce professeur devait être très âgé : Giovanni le voyait maintenant, pendant que le visage se détendait sous l'influence du sommeil.

Mais aussitôt qu'il s'éveillait, ses yeux recommençaient à rayonner vivement, et un aimable sourire illuminait ses lèvres.

Le professeur consulta sa montre, puis tira son chapelet de sa poche, et regarda à la dérobée ses trois compagnons. Aussitôt le P. Félix et Francesco se mirent en devoir de réciter ensemble les six *Pater Noster* et les cinquante-trois *Ave Maria* correspondant aux grains du chapelet. Giovanni, lui, se tenait immobile, contemplant les montagnes qui de plus en plus reculaient à l'horizon tout en se colorant de nuances lilas, violettes et bleues. La grise cité d'Assise étincelait comme une masse d'argent avec ses tours, depuis le clocher de Saint-François jusqu'à celui de l'église Sainte-Claire. Et derrière la ville se dressait le mont Subasio, nu et creusé de sillons comme une falaise au bord de la mer.

La voiture plongeait toujours plus avant dans

la vallée. Déjà les montagnes de son extrémité opposée commençaient à se profiler en pleine lumière : on voyait à l'horizon de hautes collines, couronnées de fiers châteaux-forts ou de petites villes.

Puis, pendant assez longtemps, le chemin longea un remblai vert. Une petite chapelle se montrait, tout isolée et abandonnée, et derrière le remblai l'on ne voyait rien que le ciel semé de nuages blanchâtres. C'était comme si l'on eût longé le mur qui clôturait le monde.

Mais tout à coup le remblai s'ouvrit, et la voiture passa bruyamment sur un pont, et traversa une vieille petite ville avec des clochers gris.

— Quelle merveille que ces antiques cités grises qui dorment là dans la vallée ! dit Francesco à Giovanni.

— Oui, mais le plus étrange est de penser que des hommes y vivent, sans que l'on sache comment ni que l'on comprenne pourquoi ! ils poussent de la terre comme des plantes, ou encore comme les sauvages du cœur de l'Afrique ! Et cette pensée est faite pour éveiller en nous une impression si panthéiste ! Voilà des êtres qui naissent, qui mûrissent, s'épanouissent, fructifient, dans ces villes mortes, et puis se fanent et meurent ! et ainsi ils ont fait leur devoir, rempli leur loi !

Ce discours ne plut pas à Francesco.

Il était midi lorsque la voiture gravit la montagne au sommet de laquelle est construit Montefalco. En chemin, le professeur de Rome avait, à plusieurs reprises, irrité Giovanni par la façon machinale dont il avait récité son chapelet, par la façon bien intentionnée, mais incompétente, dont il avait attaqué l'œuvre de Wagner, par sa défense de la musique italienne d'à présent, mais surtout par ce fait que, dans toutes ses paroles, il démentait absolument son visage à la Baudelaire.

En arrivant à Montefalco, nos voyageurs se rendirent d'abord dans la maison d'une veuve, où le professeur avait commandé le repas de midi. Il connaissait cette dame, et celle-ci n'avait rien négligé pour servir à ses hôtes un excellent repas. Pendant qu'elle s'occupait à le préparer, son fils, un jeune garçon, entra dans la chambre. Il faisait ses classes au lycée de Pérouse, et l'on pou-

vait voir sans peine que cette visite des deux
prêtres n'était pas de son goût. Le professeur,
qui s'était affalé de tout son long sur un sofa,
lui posa des questions sur des sujets de dogme
et de morale, et le jeune homme y répondit poli-
ment mais avec une réserve manifeste. Giovanni,
debout dans l'embrasure d'une fenêtre, regardait
et écoutait. Oh! comme il connaissait bien ces
réponses froides et gênées! Lui-même avait
répondu pareillement jadis, durant sa première
jeunesse, lorsque des personnes qui disaient lui
vouloir du bien avaient insisté auprès de lui pour
l'amener à trahir ses doutes et son incrédulité,
afin de pouvoir ensuite, la conscience tranquille,
le rejeter loin d'elles. Et maintenant voici que
lui-même était sur le point de passer de l'autre
côté, du côté de l'Inquisition! Il éprouva tout à
coup une honte sans fond, et souhaita passionnément d'être loin de ce Montefalco, et de ce professeur, et de ce dîner.

Et lorsque le repas fut servi, aucun des mets
ne lui parut bon. Mais en face de soi il voyait le
professeur, le visage penché très bas sur son
assiette, s'occuper tout entier à manger ou à
boire de longues gorgées de vins rouge et blanc,

mélangés dans un même verre. Et lorsque le professeur se trouva rassasié, la rougeur illuminée de son visage, ainsi que d'autres signes involontaires, montraient assez avec quelle avidité il s'était repu.

Giovanni se hâta de sortir dans la rue. Bientôt ses trois compagnons le rejoignirent, et l'on se dirigea ensemble vers l'église où était conservé le corps de la sainte. Là, dans un cercueil de verre, Giovanni put voir ce corps, parfaitement conservé : la belle tête pleine de noblesse, avait absolument l'expression du visage d'une personne endormie. Les mains et les pieds étaient à découvert; ils avaient pris une teinte brune, visiblement desséchés.

Dans une autre châsse de verre, il vit les instruments de la Passion qu'avait contenus le cœur de sainte Claire ; et la prétendue Croix lui parut être simplement le muscle qui sépare l'une de l'autre les ventricules du cœur. Les trois boules, aussi, étaient là ; mais lorsque le professeur en arriva à elles et assura que chacune d'elles avait le même poids que les autres, mais que deux d'entre elles ne pesaient pas plus qu'une seule, alors Giovanni fixa longuement les yeux brun-clair de cet homme,

et puis se retourna brusquement, et ne put
s'empêcher de murmurer, dans sa langue mater-
nelle :

— Quel odieux mensonge !

Après quoi il sortit de l'église.

Et d'autres églises furent encore visitées, dans
le cours de l'après-midi, des églises contenant de
belles fresques, de Benozzo Gozzoli et d'autres
maîtres anciens. Mais Giovanni n'était pas d'humeur à en jouir, et les vit à peine.

Et quand enfin les quatre voyageurs se retrouvèrent de nouveau dans la voiture, tandis que le
soir tombait sur la vallée infinie, Giovanni eut
l'impression d'être parmi des étrangers. De nouveau les chapelets sortirent des poches, et, cette
fois, il n'y eut pas jusqu'au cocher lui-même, sur
son siège, qui ne prît sa part, dans la récitation
pieuse.

Mais Giovanni se tenait immobile, détournant
la tête, et contemplait la lune, qui commençait à
s'élever énorme et rouge, derrière les montagnes ;
et, de tout son cœur, il eût souhaité d'être loin,
bien loin de tout cela.

APPENDICE

(Pèlerinages franciscains, pp. 191 et suiv.)

Les lecteurs de mon *Livre de la Route*, paru il y a dix ans, se souviennent peut-être encore du rôle important qu'a joué, précisément, cette sainte [1], dans l'évolution religieuse dont le livre présentait le récit. Il s'agissait d'un miracle absolument incroyable, — incroyable parce qu'il était absurde et vide de sens, — et qui amenait, tout d'un coup, le héros de mon livre à tourner le dos à une religion dont il n'avait point cessé, depuis longtemps, de s'approcher lentement et pas à pas. Il s'agissait de trois petits corpuscules en forme de boules qui, à l'autopsie, auraient été trouvés dans le corps de sainte Claire, et qui possédaient miraculeusement cette propriété que, bien que chacun d'eux fût du même poids que les deux autres, cependant deux d'entre eux ensemble ne pesaient pas plus qu'un seul. Ce miracle, naturellement, n'avait pas été démontré sous les yeux du héros de mon livre, mais simplement lui avait été affirmé pour être admis par lui aveuglément, comme un symbole de la Sainte Trinité. La meilleure volonté de croire devait, elle-même, fatalement échouer devant une telle affirmation, et faire banqueroute; c'est effectivement ce qui était arrivé à mon Giovanni.

Et maintenant, onze ans plus tard, voici que je reviens de nouveau dans la même région, — car on peut voir, dès Foligno, dans le lointain, les nombreuses tours de Montefalco, — et voici qu'un prêtre catholique aux bons yeux

---

[1] Sainte Claire de Montefalco.

pleins d'intelligence me remet en main la *véritable* biographie de cette sainte Claire ! Le récit a été écrit cinq ou
six ans après la mort de la sainte (en 1315 ou 1316), par
Bérenger de Saint-Affrique, et a été imprimé pour la première fois par Mgr Faloci dans l'*Archivio Storico per le
Marche e per l'Umbria* (vol. I, pp. 583-625 et vol. II,
pp. 193-266). Le même récit a été publié dans un tirage à
part, malheureusement déjà épuisé (Foligno, 1885).

Or, dans cette biographie venant d'un contemporain, et
qui constitue la source essentielle de notre connaissance de
la vie de sainte Claire, je ne trouve rien d'autre, sur les
trois boules, que ce qui suit :

« Mais dans le foie l'on a trouvé trois pierres, dont chacune était à peu près de la grosseur d'un doigt de femme.
Leur forme était circulaire, leur couleur d'un ton inter-
médiaire entre le pâle et le foncé, avec une teinte que je
ne crois pas que l'on puisse comparer à aucune autre couleur. La divine Trinité se trouve, ici, désignée aussi bien
par la forme que par le nombre, l'absolue ressemblance
des contours et de la couleur des trois pierres : car je dois
ajouter que les objets susdits se ressemblaient si entièrement que l'on pouvait à peine découvrir, entre eux, l'ombre
d'une différence. »

Comme l'on voit, le symbolisme, n'est cherché que dans
la ressemblance des trois boules, sans qu'il soit même fait
mention de leur poids.

L'auteur revient encore, à la page suivante, sur les trois
« calculs », comme je crois qu'on peut hardiment les
nommer. Il écrit : « Alors donc que ces pierres furent
enlevées du conduit, elles tenaient ensemble ; mais lorsque
les femmes les eurent lavées avec du vin, elles se séparèrent
sans le moindre effort. » Et pas un mot de plus sur le

sujet. Ici encore, on notera qu'il n'est pas fait la plus
petite mention d'un élément miraculeux. Et la chose se
trouve rapportée d'une façon toute pareille dans un autre
document contemporain, dont l'importance est à peine
moins grande pour la biographie de la sainte : à savoir,
l'attestation officielle du podestat de Montefalco, à la date
du 22 août 1308, qui fut adressée au pape Jean XXII, et
qui se trouve reproduite dans l'acte de canonisation de
sainte Claire. Là, il est dit tout simplement que dans le
foie de sainte Claire ont été trouvées trois pierres rondes,
dont suit une courte description. De la surnaturelle iden-
tité de poids, pas un seul mot n'est dit !

Et ainsi tout ce doute, toute cette irritation, toute cette
fuite, tout ce reniement du héros de mon *Livre de la Route*
n'ont eu pour cause unique qu'une affirmation fantaisiste,
une fable pieuse, un faux miracle !

J'ai tâché, plus tard, à découvrir d'où pouvait être née
la légende : mais je n'ai rien pu trouver, jusqu'à présent,
si ce n'est que l'égalité de poids des trois boules, séparé-
ment ou ensemble, a été mentionnée pour la première fois
dans un livre imprimé à Vicence vers 1497, et qui contient
sept biographies de saints franciscains. Dans une note de
ce livre, on peut lire :

« Sainte Chateline de Monte Falco, dans son cœur il y
avait, d'un côté, la colonne sur laquelle le Christ a été lié
pendant la flagellation, ainsi que les verges qui y ont
servi, de l'autre côté le crucifix, imprimé dans les chairs ;
et il y avait aussi dans le cœur trois boules ; et que si l'on
met l'une de ces boules dans une balance, elle pèse juste
autant que les deux autres ; et cela a été vu, de ses yeux,
par le frère Jacques des Marches. » (Reproduit dans les
Miscellana Francescanea, vol. III, p. 175.)

Encore n'est-il pas dit expressément, ici même, que les trois boules aient eu le même poids. Il se pourrait que le frère Jacques eût vu simplement que l'une des trois boules, de grosseur égale, pesait tout juste autant que les deux autres : ce qui n'impliquerait pas le sens symbolique allégué depuis lors.

Ce frère Jacques des Marches est le célèbre réformateur de l'ordre franciscain qui vivait entre 1391 et 1476, et qui, dans son zèle pour ramener tous les couvents de l'ordre à la règle primitive, a étendu ses voyages jusque vers des provinces aussi lointaines que la Bohème, la Norvège, et notre Danemark. Il y a de lui un grand et beau portrait dans la Pinacothèque du Vatican, représentant une haute figure ascétique en robe grise de franciscain, avec, à la main, un cadre où est dessiné le monogramme du Christ.

Il n'est donc pas du tout certain que le frère Jacques ait rien su de cette égalité de poids dont il n'était réservé qu'aux siècles suivants d'imaginer la fabuleuse aventure. Et puisse maintenant ce qui m'est arrivé à Montefalco, et qui m'aurait été bien aisément évité si, par exemple, mon guide avait été un homme de l'éducation critique de Mgr Faloci Pulignani, puisse cet incident servir de petite leçon à ceux qui admettent trop légèrement toutes choses, et qui, suivant l'expression d'un savant bénédictin, semblent chercher plutôt le « merveilleux », ce qui séduit l'imagination, que « le surnaturel », ce qui élève la pensée et le cœur !

XVIII

Si bien qu'un jour arriva où Giovanni, après toutes ces luttes intérieures, eu l'impression d'être ramené dans son ancien état d'incrédulité. Sans l'ombre d'une émotion profonde, il assista à la fête de saint François, qui ne lui sembla rien autre qu'un déploiement somptueux de lumières, de chants, d'encens, et de riches ornements, et l'honneur de l'humble petit mendiant d'Assise.

Et après cette fête il revint, pour quelque temps encore, au couvent de La Rocca : mais c'en était fini pour lui de la douce vie dans sa cellule. Toute la journée, il errait parmi les forêts des montagnes, où la pluie d'automne avait fait jaillir du sol un tapis de violettes des Alpes, et où la bruyère était en pleine floraison, et où les sources pleuraient doucement dans la solitude des gorges de rochers. Puis, à l'approche de la nuit, il allait de préférence s'asseoir en bas, dans le village, et il écoutait chanter les jeunes filles. Et, bien souvent, les silencieuses nuits de clair de lune le trouvaient de nouveau errant parmi les rochers, ou bien arpentant, d'un pas précipité, la galerie du couvent sous les arcades blanches.

Car il n'y avait plus rien au monde, désormais, qui lui procurât du repos. Et plus d'une fois la certitude lui vint, de nouveau, que la foi de l'Église serait pour lui l'unique salut. On était alors au mois d'octobre et, chaque soir, les habitants de La Rocca récitaient à haute voix le chapelet dans la petite église. Giovanni s'efforça de s'unir à eux. Mais ce fut en vain. Décidément, le jeune homme était rejeté de force dans cet ancien monde de la nature, ce monde mélancolique où les seuls événements importants étaient les alternances régulières de la pluie et du soleil.

XIX

C'était le jour du départ. De son lit, dans le clair-obscur matinal où les derniers rayons du clair de lune mêlaient encore une lueur mystique, Giovanni entendait venir à lui les voix bien connues des jeunes filles de La Rocca, chantant les paroles, également familières, qui, chaque dimanche, précédaient la célébration de la messe : *In nome del padre, — E del figliuolo, — E dello spirito santo, — E così sia! Santa Maria, — Madre di Dio, — Prega per noi, — Prega per noi Gesù!*

Les voix grêles avaient pris, aux derniers vers, des intonations suppliantes et pressantes : « Priez pour nous, Sainte Marie, priez pour nous auprès de Jésus ! » imploraient-elles. Et puis le rythme changea, devint tout à coup iambique et non plus trochaïque, et se plongea dans une invocation qui aboutissait à un véritable cri d'appel : *Maria, speranza nostra, — Prega per noi, — Prega per noi, Gesù!*

Par degrés, Giovanni reprit conscience de soi-même. Il avait rêvé des rêves troubles, cette nuit là, et savait à peine où il était. Mais maintenant il sortit précipitamment de son lit, et s'habilla à la hâte. Sa montre marquait à peine cinq heures et demie. Et lorsqu'il ouvrit la porte qui donnait sur la galerie, et que l'air frais du matin le frappa au visage, voici qu'il songea soudain : « Mais ce jour n'est pas un dimanche, pourquoi donc sont-ils à l'église, et pourquoi chantent-ils ? »

Il sortit du couvent. La campagne était toute grise, sous la lumière de la nouvelle lune, et au-dessus des montagnes Jupiter brillait, grand et clair. Et de l'église arrivaient à présent les pre-mières paroles du psaume des morts : *De Profun-dis clamavi ad te, Domine.* Enfin, le jeune homme se souvint : c'était le premier jour de la neuvaine précédant la Toussaint.

Il entra dans l'église. Presque toute la popu-lation de La Rocca s'y trouvait rassemblée. Et, d'une voix grave et lente, la forte tête du pays, Laurina, celle qui savait parfaitement lire et écrire, récitait le *De Profundis.* Après le psaume vint la prière du matin, et ce fut encore la voix de la Laurina qui monta et s'enfla à ces paroles solennelles : « Mon Dieu et Seigneur, je crois en toi parce que tu es la vérité, j'espère en toi parce que tu es la miséricorde, et je t'aime parce que tu es la bonté ! »

Et puis l'on chanta les litanies de la Sainte Vierge et puis un cantique de bénédiction en de simples strophes rimées, infiniment touchantes : *Colla Mano di Gesù, Madre mia, — Benedica me, santa Maria ! — Colla mano di Gesù, Madre mia, — Benedica la famiglia mia ! — Colla mano di Gesù, Madre mia, — Benedica me nella mi' agonia !*

Giovanni considérait tour à tour les visages de ces hommes et de ces femmes, qu'il apercevait un peu confusément, à la lueur de l'unique bougie qui éclairait le livre de la Laurina. Tout le monde était à la place où il avait l'habitude de les voir. Il les avait vus là, de dimanche en dimanche ; et de dimanche en dimanche ils reviendraient là, et s'asseoiraient à la même place, et les mêmes prières s'élèveraient, durant maintes heures de recueillement pieux. Mais pour lui, c'était la dernière fois. Jamais plus, sans doute, il ne reverrait ce lieu ni ces hommes. Et il les considérait, l'un après l'autre, et songeait avec étonnement combien ce petit coin du monde lui était devenu cher.

Lorsque les prières furent achevées, il s'arrêta quelque temps devant la porte de l'église, pour faire ses adieux à ceux des habitants avec lesquels il s'était le plus lié. Et puis il ouvrit sa malle, y jeta vivement tous les objets qui, longtemps, avaient orné cette cellule et l'avaient faite sienne, ses livres, son papier et ses plumes, les photographies dressées sur la petite table devant la fenêtre grillée. Ce travail fini, il franchit pour la dernière fois le seuil de sa cellule. Pour la dernière fois, il contempla, de la galerie du cloître, la campagne dorée par le soleil du matin, et les lacs de nuages entre les montagnes violettes, et Pérouse rayonnante, et une petite colonne de fumée qui montait lentement d'une autre ville, très loin dans la vallée. Et, pour la dernière fois, il referma derrière soi la porte du couvent et se plongea dans les rues tournantes de La Rocca, pour y revoir encore ses quelques amis les plus chers.

La vieille grand-maman Vantucci descendit les marches de sa maison, pour dire adieu au signor Giovanni, et Laurina abandonna sa couture pour lui souhaiter bon voyage. Là bas, dans le champ, se tenait Mariano, sous la protection duquel avait grandi la *figlia della Madonna*, et son fils, le mince et délicat Angeluccio, se tenait près de lui, et longtemps resta debout, appuyé sur sa bêche, regardant s'éloigner le voyageur.

Quant à Eugenio, celui-là fit avec Giovanni un gros morceau du chemin, et, suivant sa manière habituelle, le pauvre garçon ne cessait point de murmurer à part soi : « Quel dommage ! quel dommage ! » Mais lui-même, à son tour, dut prendre congé de Giovanni, et seul Francesco demeura avec lui, car il avait formé le projet de l'accompagner jusqu'à Assise. En y arrivant, les deux amis visitèrent encore, une dernière fois, l'église Saint-François, et Giovanni pénétra dans le couvent pour faire ses adieux au P. Félix.

L'après-midi, une petite pluie fine se mit à tomber. Et l'étranger, qui était arrivé à Assise par un beau soir d'été illuminé d'étoiles, s'en alla de la ville ombrienne parmi l'obscurité humide et glacée d'un vrai temps d'hiver.

XX

Et lorsque Giovanni, le soir suivant, à Milan, se trouva couché dans un lit moelleux, avec autour de soi tous les agréments d'un hôtel élégant, tandis que par ses fenêtres il entendait le bruit du joyeux mouvement d'une grande ville, le jeune homme ressentit tout à coup une molle jouissance, et il eut dans son cœur un plaisir secret un peu lâche, à la pensée de s'être évadé du couvent de La Rocca.

Mais d'autres soirs, plus tard, il lui arriva d'être envahi d'un mélange brûlant de regret et de désir en se rappelant que Francesco, maintenant, se trouvait seul là-bas, parmi les montagnes, occupé à manger le frugal souper que lui servait Eugenio. Et alors Giovanni revoyait le tableau entier tout vivant sous ses yeux : la grande cuisine, le feu pétillant, et Francesco seul auprès de la table. C'était presque comme s'il lui eût suffi d'ouvrir une porte pour entrer dans la cuisine et pour dire à son ami : « Bonsoir ! me voici ! je suis revenu près de toi ! ».

Et puis il y eut d'autres soirs où, de toute son âme, il eut soif de pouvoir écouter encore le chant mélancolique des paysans au travail ou les voix grêles des quatre « abandonnées », dans le calme demi-jour du matin, ou encore le son de cette petite cloche fêlée qui, une certaine nuit, avait retenti si étrangement dans son âme inquiète et souffrante.

Le soir de ce même jour, le jeune homme se trouva attablé dans un café de sa patrie, parmi des hommes qui passaient pour être les plus intelligents et les plus civilisés du pays entier. Et ces hommes étaient assis et regardaient dans la rue, observant avec curiosité les promeneurs ; et, chaque fois que passait une jeune femme, toujours Giovanni les entendait débiter sur elle des propos moqueurs, méprisants ou grossiers. Puis ces hommes reprenaient en main leur journal, et parlaient de l'un de leurs anciens amis qui, récemment, s'était délivré de l'ennui de vivre en se tirant un coup de pistolet. Et voici que l'un d'eux, à propos de ce suicide, déclara d'une voix nette et tranchante :

— Oui il faudra bien que, peu à peu, nous en arrivions à ce degré de civilisation où chaque individu pourra fixer lui-même l'espace de temps pendant lequel il veut vivre ! Le suicide, alors, ce sera comme lorsque nous prenons le parti de nous marier : rien de plus important, ni de plus difficile !

Sur quoi les autres ne s'avisèrent même pas de rire, mais approuvèrent d'un signe de tête, avant de se remettre à boire. Et Giovanni, qui avait entendu s'exprimer là, dans toute sa réalité, la sagesse des hommes de civilisation et de progrès, s'empressa de se lever pour rentrer chez lui.

Mais, ce même soir, il écrivit à Francesco une longue lettre, qui se terminait ainsi :

« Pendant que j'étais près de toi, je me suis senti poussé par ce même esprit de révolte qui fait que parfois, dans un musée ou une exposition, de bons bourgeois se répètent passionnément l'un à l'autre : « Vraiment, ceci n'est pas beau ! » Ils se répètent cela pour se rassurer réciproquement, et pour empêcher leurs yeux de s'ouvrir. Car ce qu'ils craignent avant tout, c'est d'être inquiétés et troublés par la beauté, d'avoir à subir la domination d'un art trop puissant. Quant à moi, j'ai essayé par tous les moyens de me fermer les yeux et les oreilles à ce qui est bien plus encore que la beauté et que l'art. Tout ravi des pauvres objections que je me fabriquais à moi-même, je me suis dit : « Cela étant ainsi, certes, cette religion dont je crains de subir la domination ne doit pas être vraie ! » Et puis, là-dessus, je m'en suis allé d'Assise avec l'illusion d'être pleinement rassuré.

« Mais à présent, Francesco, à présent je souhaiterais de tout mon cœur que tu vinsses ici, dans mon pays, pour y fonder une sorte de retraite pareille à celle que nous avions trouvée à La Rocca, et que je pusse ainsi, de nouveau, chercher auprès de toi un refuge et un soutien, afin de conquérir décidément et à jamais cette foi à laquelle je m'étais vainement flatté de me dérober, tandis qu'en réalité, depuis longtemps déjà, jour et nuit, tout mon cœur n'aspire que vers elle ! »

TABLE DES GRAVURES

TABLE DES MATIÈRES

ÉVREUX, IMPRIMERIE CH. HÉRISSEY, PAUL HÉRISSEY, SUCC^r